职业院校专业课程改革系列教材

视觉营销

李成庆　王荣琴　段　建◎主编

浙江工商大学出版社
ZHEJIANG GONGSHANG UNIVERSITY PRESS

·杭州·

图书在版编目(CIP)数据

视觉营销 / 李成庆,王荣琴,段建主编. —杭州:浙江工商
大学出版社,2020.6

ISBN 978-7-5178-3790-9

Ⅰ. ①视… Ⅱ. ①李… ②王… ③段… Ⅲ. ①网络营销
Ⅳ. ①F713.365.2

中国版本图书馆 CIP 数据核字(2020)第050755号

视觉营销

SHIJUE YINGXIAO

李成庆　王荣琴　段　建 主编

责任编辑	厉　勇	
封面设计	雪　青	
责任印制	包建辉	
出版发行	浙江工商大学出版社	
	(杭州市教工路198号　邮政编码310012)	
	(E-mail:zjgsupress@163.com)	
	(网址:http://www.zjgsupress.com)	
	电话:0571-88904980,88831806(传真)	
排　版	杭州朝曦图文设计有限公司	
印　刷	杭州宏雅印刷有限公司	
开　本	787mm×1092mm　1/16	
印　张	11	
字　数	217千	
版印次	2020年6月第1版　2020年6月第1次印刷	
书　号	ISBN 978-7-5178-3790-9	
定　价	56.00元	

编委会

主编简介

李成庆,男,电子商务专业一线教师,曾代表浙江省获得全国技能大赛电子商务专业唯一一块金牌。获得绍兴市信息化教学能力大赛一等奖、浙江省创新创业大赛三等奖、"全国优秀指导教师"、首届全国职业院校跨境电子商务技能大赛全国三等奖等荣誉。具有丰富的教学实战经验,教学方法多变,新颖活泼,富有创造性,深受学生喜欢,并得到家长的认可。

王荣琴,女,中学高级教师,电子商务专业高级技师,绍兴市柯桥区职业教育中心学院院长,浙江省三名工程蒲公英大师工作室总负责人。从事职业教育一线工作22年,始终站在教学第一线,在教育教学、教研教改中取得优异成绩,同时深入企业一线,与绍兴电子商务企业深入接触,有效促进绍兴电子商务的发展,赢得领导、同事和同行的一致认可。

段建,男,1974年1月生,现任北京博导前程信息技术股份有限公司董事长,中国互联网协会网络营销培训办公室常务副主任,全国电子商务校企合作服务基地主任,博导股份教育研究院院长。中国网络营销大会倡导者及执行人,全国电子商务运营技能竞赛策划执行人,i博导和C实习网创始人。

前 言

　　视觉营销是归属营销技术的一种方法,是一种可视化的视觉体验,指通过视觉达到产品营销或品牌推广的目的。为便于理解,我们称之为通过视觉的冲击和审美视觉感观提高潜在顾客的兴趣,达到产品或服务推广的目的。

　　随着电子商务的发展日趋成熟,用视觉手段去展示商品,以便与其他品牌形成差异化,提升品牌的核心竞争力,已经成为电商企业一种很重要的营销手段。视觉营销的重要性越来越被商家认可。

　　为适应新时期下的科学技术和行业的快速发展,以及现在的教学要求,培养出高层次、高质量且具有较强专业能力的应用型人才,本书在编写过程中考虑当前中高职学生的能力结构和素质,主要围绕网店的视觉营销展开,侧重于体系的建立和技能的运用,教材具有突出的针对性、实用性、实践性和兼容性等特点。

　　视觉营销是一门重要的融合技术课,本教材立足于网店的视觉营销,从色彩、拍摄、文字编排和网店的主要模块这几个方面进行探讨,对部分重要模块进行实战演示。本教材既可作为中等职业学校电子商务专业的教科书,也可作为电子商务行业技术人员学习和借鉴的参考书。

　　本教材由多名电子商务一线老师和企业人员合力编写,共十章。感谢这些经验丰富的任课老师给予的帮助和支持。由于编者水平所限,电子商务发展日新月异,书中不免有疏漏和不足之处,恳请同行和读者批评指正。

编　者

2019 年 6 月

目录

✿ **第一章　认识视觉营销 / 1**

第一节　视觉营销的发展 / 1

第二节　相信电商品牌的力量 / 4

第三节　认识视觉心理学 / 9

✿ **第二章　视觉营销基础 / 12**

第一节　视觉设计元素 / 12

第二节　视觉设计色彩 / 15

✿ **第三章　商品拍摄 / 21**

第一节　色彩的运用 / 21

第二节　电商摄影基础 / 26

第三节　影棚拍摄技巧 / 27

第四节　商品拍摄（静物）/ 35

第五节　商品拍摄（模特）/ 37

✿ **第四章　构图与图片处理 / 45**

第一节　美化软件认知 / 45

第二节　常见的构图方式及图片处理 / 50

第三节　图片处理常用小技巧 / 54

✿ **第五章　文案设计 / 62**

第一节　字体的选择和设计 / 62

第二节　文案设计:好品牌从文案开始 / 69

第三节　字体的使用 / 72

第四节　文案设计:品牌文案 / 77

第六章　主图与详情 / 82

第一节　产品主图设计 / 82

第二节　产品详情设计 / 87

第七章　网店首页 / 101

第一节　页面布局管理 / 101

第二节　店招设计 / 105

第三节　分类导航设计 / 109

第四节　海报设计 / 115

第五节　促销区设计 / 119

第八章　视觉引流 / 121

第一节　直通车设计优化 / 121

第二节　钻展设计优化 / 125

第三节　主图设计优化 / 130

第九章　用PhotoShop优化网页布局 / 135

第一节　图片切割 / 135

第二节　图片优化 / 142

第三节　批处理 / 149

第十章　移动视觉营销 / 158

第一节　移动端用户特点 / 158

第二节　移动端视觉优化 / 160

第一章

认识视觉营销

第一节　视觉营销的发展

一、起源

视觉营销(Visual Merchandising)起源于欧洲的视觉展示(Display)。1950年,美国零售业开始追求有趣味地表现产品,以吸引顾客购买。同时,单纯依靠商品自身拉开与其他商品之间的差距,吸引消费者前来购买,变得越来越难。视觉展示有助于促进顾客迅速明白店铺主题,不断给商品注入附加值,而不局限于销售商品实体本身。例如,爱马仕、LV、GUCCI等大品牌凭借自己一流的做工和设计,逐渐成为上流社会的心头之好,甚至皇室的专用品,它们的商品展示也成为一种身份和地位的显耀。

随着时间的推移,视觉展示越来越成熟。19世纪中期,该技术传入日本。日本的商品销售原先采取的也是单一呈现方式,而视觉展示技术的引入使和服的销售改变了传统的商业思维。店家一改面料的单一销售方式,把面料制作为和服成衣进行展示,以招揽客户。当时日本各企业只要推出品质优良、价格便宜的商品,就一定畅销,这是靠"商品力"一轴指向的时代;后添置搭配包、木屐、家庭用品,再之后演变成加入男装、童装一同进行贩卖,制造出女性生活的不同场景,满足家庭成员的不同需求。这时由于大量商品涌现,光靠物美价廉已经起不了多大作用,还要配合推销力,才能创造出良好的销售业绩,这是依靠"商品力"和"销售力"两轴指向的时代。1987年,金融风暴席卷亚洲,导致日本零售业不景气,商品积压严重。专业的视觉展示设计人工费昂贵,商家为节省开支,想了各种办法,促进了按照一定标准规则执行的视觉营销的发展。20世纪90年代后,市场上充满了物美价廉的商品,各公司也都致力于商品的推销活动,消费者的选择对象大增。在这种情况下,许多商品面临滞销的命运,而那些名字响亮的名牌商却能纵横天下,"形象力"的影响比重超越了"商品力"和"销售力",达到了前所未有的程度。

中国的视觉营销理论主要来自日本,而日本的视觉营销理论则是在从美国引进的基础上经逐步改良并活用而形成的。在美国称之为视觉化商品营销,简称VM。经过这么多年,视觉营销在日本已经有一定的发展。中国的视觉营销真正开始起步主要源于电商的发展,现在也开始受到各企业的重视。

二、什么是视觉营销?

视觉营销是英文Visual Merchandising的中文翻译,VM是其缩写,中文有时候又翻译成"商品计划视觉化"。早期的视觉营销是指从商品计划到进货、内部装修、道具设计、陈列与展示等店铺环境表现,直至卖场的POP、标识、告示板等图形表现,把店铺想要向顾客传达的消息都用可见的形式表现出来。视觉营销不仅仅是一种方法,还是一种理念,就像会计除了是一种工具以外,更是反映并指导企业战略的一面镜子。

往小了说,视觉营销是归属营销技术的一种方法,更是一种可视化的视觉体验,通过视觉达到产品营销或品牌推广的目的。为便于理解,我们称之为通过视觉的冲击和审美视觉感观提高潜在顾客的兴趣,达到产品或服务推广的目的。

往大了说,视觉营销是指将企业或品牌的市场定位、产品信息、服务理念、内在文化、精神理念,用形象的视觉语言,通过展示与陈列等轴端,实现与消费者的无声沟通,达到促进商品销售和梳理企业或品牌形象的目的。

前者侧重的是产品盈利,后者侧重的是企业的战略与发展。两者相结合,用附加值提升商品,让商品升华附加值,实现良性循环。

例如卖家具,最好的方案是提供整体的生活方式,让人能在购买家具后,拥有自己所能享受到的生活场景。再例如,在超市,意大利面旁边可以搭配番茄酱,鱼肉货架旁可以搭配白葡萄酒,红肉货架旁可以搭配红葡萄酒,蔬菜货架旁边可搭配不同作料……这些"整体销售"的方式,正在广泛地运用。视觉营销可以帮助人们在多种商品同时呈现时,更加迅速地领悟到店铺所要表达的主题,并看到主打商品。

三、视觉对客户的影响——AIDA模式

众所周知,视觉的作用主要就是观察、观看周围世界的一切事物。视觉在人类的活动中有着十分重要的作用,大自然中的美好事物都是通过人类的视觉反映出来的。没有视觉的作用,事物的崇高与渺小、美丽与丑陋、激越与雄浑等都无法进行比较;大自然中的五彩缤纷、千姿百态、万千气象都不能在人眼中呈现。

一切美丽的东西都是通过视觉的作用留在人的大脑中成为美好的记忆。绘画、摄影、装饰等艺术已成为视觉艺术中非常重要的一方面。视觉艺术是一种古老的艺术，又是一种不断发展的新艺术，在我们这个对美的追求越来越高的社会里，视觉艺术在不断地闪烁着更加迷人和璀璨夺目的光芒。

同样地，视觉对客户的影响也是很重要的。在这里介绍一下AIDA模式，它也称"爱达"公式，是西方推销学中一个重要的公式，对于视觉营销的发展起着十分重要的作用。它的具体含义是指一个成功的推销员必须把顾客的注意力吸引到产品上，使顾客对推销人员所推销的产品产生兴趣，随之产生购买欲望，从而采取购买行为，并达成交易。AIDA是四个英文单词的首字母。第一个字母A为Attention，即引起注意；I为Interest，即诱发兴趣；D为Desire，即刺激欲望；最后一个字母A为Action，即促成购买，如图1-1-1所示。

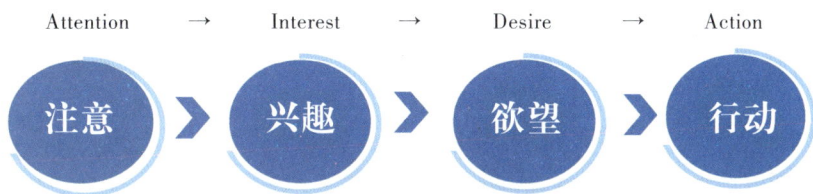

Attention　→　Interest　→　Desire　→　Action

注意　兴趣　欲望　行动

图1-1-1　AIDA模式效果图

AIDA模式代表传统推销过程中的四个发展阶段，它们是相互关联，缺一不可的。"爱达"公式对推销员的要求：①设计好推销的开场白或引起顾客注意；②继续诱导顾客，想办法激发顾客的兴趣，有时采用"示范"这种方式也会很有效；③刺激顾客购买欲望时，重要的一点是让顾客相信，他想购买这种商品是因为他需要，而他需要的商品正是推销员向他推荐购买的商品；④购买决定由顾客自己做出最好，推销员只要不失时机地帮助顾客确认，他的购买动机是正确的，他的购买决定是明智的，这就基本完成了交易。

"AIDA"模式的魅力在于"吸引注意，诱导兴趣和刺激购买欲望"，这三个阶段充满了智慧和才华。

电商视觉营销也是基于这个公式开展的，只是在这个过程中媒体驱动和技术驱动的载体变了（如图1-1-2所示）。电商视觉营销通过电商平台和大数据等技术，实现中间的媒体驱动和技术驱动。通过图片、文案包装等引起注意，诱发兴趣，兴趣会刺激购买欲望，欲望会导致购买行为的发生。这一系列的反应最后促成消费者的购买行为。在这个过程中不管会不会导致最后的购买行为发生，其中的效应都是非常重要的，它能使消费者留下印象，使得产品和品牌的可识别度更高。

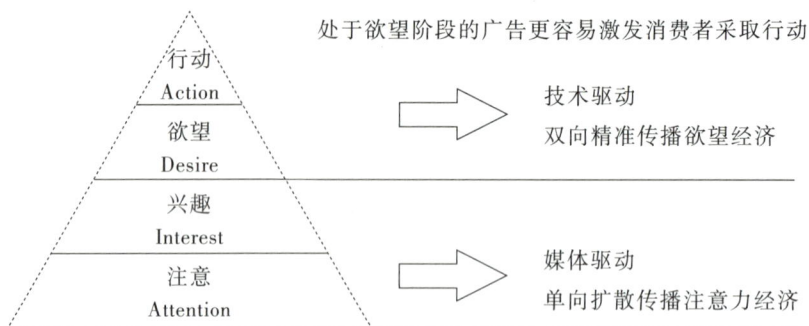

图 1-1-2　AIDA 模式的过程展示图

第二节　相信电商品牌的力量

一、电商视觉营销的力量

20 世纪 80 年代,供求关系很简单,供给方和需求方很容易达到平衡。随着改革开放的深入,产品的供给越来越丰富,人们慢慢地由满足生活必需品的消费模式转变为为提升生活品质而购物,消费升级应运而生。

电商就是在这样一个大背景下产生的一种新的商业模式。它把基于物理空间的购物环境放到了互联网的环境中,极大地节省了人们的购物成本,而且消费场景也发生了巨大的变化。供需关系不光表现为"你需要,我就有",更极大地表现为商品多样化,选择多样化。丰富的消费品类促使商家把营销放在越来越重要的位置,同样功能的产品,谁营销得好,谁就能在消费者的心中种下心锚,从而就能占领市场。

如今,电子商务和移动互联网进入高速发展阶段,电商开启了年赚千万的模式。比如,2018 年的"618"电商节异常火爆,如图 1-2-1 所示。

图 1-2-1　"618"电商节销量图

2018年"618"电商节全网总销售额达2844.7亿元。便捷的电商平台得到越来越多消费者的青睐。在电子商务飞速发展的今天,在各大平台的推动下,电商已经渗透到商业社会的每一个角落。原来的一个个淘宝店铺也都慢慢地成长为大型的电商公司,为当地的产品走向全国、全世界拓展了一条全新的道路。越来越多的企业已经把电子商务变成自己的标准配置。原本就在电商平台经营的店铺,加上大大小小想要进入电商领域的传统企业,也使得电子商务领域的竞争变得越来越激烈。

电商巨头们牢牢地掌握着市场的主动权,一些垂直类目的电商平台也在各自的战场上发挥着自己的能量,你方唱罢我登场,一片"百花齐放"的繁荣景象。

在电商环境中,大的平台利用自己的能量汇聚流量,再把流量分发给每一个商家,商家利用平台提供的流量工具引流、卖货。在这里,商家其实很难逾越平台流量的限制,营销大部分是在自己的店铺内部做努力。其中,最直观、最有效果的就是让消费者在看到你的那一瞬间,你已经为他留下了不能拒绝你的印象——这就是电商的视觉营销。

二、电商图片在营销中的意义

在淘宝上搜索服装,销量靠前的商品都是经过专业拍摄与宝贝详情制作,拥有自身特色,从视觉感官上让客户产生购买欲望的商品。电商想要在众多产品中彰显自身特色,必须通过视觉策划和营销刺激用户感官,撩起顾客的购买欲望。

在此背景下商业呈现的方式虽在不断迭代,但底层的原理却一直未曾变化,其中,视觉和营销更是如此。如何吸引消费者的目光一直都是商家首先要解决的问题。酒好也怕巷子深,有了人流量才有产品销售的基础。因而人流量最多的地段也成了商业地产最值钱的地方,我们宁愿支付闹市中昂贵的房屋租金,也不愿在偏远的山区花很少的钱租一块很大的地方。

在商业社会,有了人也就有了销售行为发生的可能性,在互联网环境中,进店的人变成了从网页中浏览产品进入网店的人,这些人就被称为流量。

在网络中,流量的获取方式有很多种,拿淘宝网来举例,就有自然搜索排名优化、聚划算、淘金币、直通车、钻石展位、分享等获取方式,但是这些流量的获取方式都无一例外地需要通过图片进行展示,就好像我们在古代,远远地就能看到客栈或者酒馆的招牌一样。通过眼睛观察,永远是人类获取信息的第一渠道。

电商平台上的这些图片每天都在传达着大量的产品信息,争夺着消费者的注意力。一张好的图片可以大大地提升产品在图片的海洋中被发现的概率,从而潜移默化地影响消费者的购买选择,吸引流量。在这些进店的流量中,店铺可再利用店铺内的视觉呈现来影响消费者的购买行为,并为自己的店铺打造一把视觉的锤子,把"我是谁,我是做什么的"深深地钉在用户的心里,最终去实现店铺的盈利。

现在我们利用淘宝网的自然搜索来找一件产品,在搜索框中输入"男装"(如图1-2-2所示),淘宝网会呈现出由广告产品图片和自然排名产品图片混排的页面。大家可以测试一下:如果是你,那么你更愿意选择哪一张图片?你选中的那个幸运的商家会比存在同样竞争关系的其他商家多出一次机会。然而,这真的是幸运吗?当然不是。好的图片才是我们在电商世界中制胜的法宝。

图1-2-2　男装搜索

三、电商营销的关键——视觉营销

"视觉营销(VMD)"由来已久,最初我们谈到视觉营销时想到的都是陈列、装饰、卖场,是一些具象的东西。随着时代的发展,电子商务发展势头越发迅猛,视觉营销这一传统行业的惯用手段也逐渐融入网络世界,变得抽象化、多元化,并越来越受到重视。传统行业中的视觉营销,重点在于陈列师对环境氛围的布置、主题的强调。而网络中,尤其是淘宝中的视觉营销"成分复杂",集交互设计、用户体验、信息构架为一体,重点在于视线把控和买家心理把控。

电商视觉按照营销的功能可以分为两种:一种是可以在消费者心中种下心锚,或者可以让人一见钟情的引流视觉;另一种是可以让人为情所动,点"立即购买"的销售视觉。

引流视觉包含我们投放的广告页面和利用电商平台提供的搜索引擎搜索出来的自然结果,它是整个店铺在电商平台里的第一次亮相,决定着消费者是否能够进入一家心仪的店铺。引流视觉的任务就是把人吸引到网店中来,考核的标准就是点击率。

销售视觉则是为了在短时间内和消费者达成对话,考核销售视觉的标准主要是转化率。转化率是指我们通过引流视觉吸引到网店的人中能够最终购买的人所占的比例,可以通过成交人数÷访客数获得。

视觉营销就像一个优秀的销售顾问一样,不管你是因为什么原因来到店铺的,都能找到一个让你购买的理由,主要的落脚点就是我们的店铺装修(店铺转化率)和产品详情页(单品转化率)。

那么从电商产品图片和设计本身来说,它们存在于互联网世界中的价值就是吸引人点击,吸引人购买。它不是曲高和寡的艺术品,也不是满大街发的小广告,它是针对目标群体的"兴奋剂",直接让人产生购买的欲望。大家一定要注意,不要依据个人的喜好来选择图片,而要从消费者的角度来考量图片是否吸引人,能让人点击"立即购买"的图片才是好图片。

在不同的阶段,大部分电商平台对于引流视觉和销售视觉有着不同的诉求。那些刚进入电商领域的新店,遇到的首要问题是没有流量,此时视觉营销主要的任务就是吸引注意,让人进店,在产品页面中要强调信任和品质,促使首次成交。

当店铺经营到中后期,我们已经有了基础流量,需要的是和消费者进一步建立联系、产生社群,增加消费者对于产品和品牌的认同感,此时就应该强化店铺整体视觉识别(VI)和店铺的个性,让每一位浏览店铺的用户都能在价值观层面上对商家认可,达成共识,形成基于产品的共同体,创造出属于自己的电商品牌,拥有自己的品牌流量。例如,在2016年,搜索"三只松鼠"的消费者已经远远地大于搜索"干果"的用户,这样,"三只松鼠"就大大减少了平台广告引流的压力,实现免费流量的最大价值体现。

当然,我们不能金玉其外,败絮其中。产品才是整个店铺发展壮大的支柱,要想经营一家成功的店铺,没有好的产品、完好的供应链管理,营销做得越好,越会给店铺带来麻烦,比如,订单暴增却不能及时发货,产品差评,退换货,等等。所以,一个好的网店=好的营销+好的产品+好的供应链。在做好视觉营销的同时,我们也应该注意店铺的平衡发展。

四、电商品牌的建立

电商视觉营销到后期应该建立并且不断强化自己的电商品牌,从而实现品牌溢价和减少在电商平台购买流量的费用。比如,同样是运动服装,在质量差不多的情况下,国际一线大品牌的价格就会远远高于一些不知名的小品牌,而且由于知道的人多,消费者在电商平台搜索该品牌的时候也大多会直接输入品牌的名称,从而避免了消费者先搜索运动装,再通过引流视觉的广告来选择自己需要的产品,可谓是"名利双收"。

在传统的商业模式中,说到塑造品牌,最有效而快捷的方式就是打造一套属于企业的视觉识别(VI),其中包括企业名称、企业标志、企业标准字、专用字体、标准色彩、象征图案、标语口号、企业吉祥物等。在电子商务中,同样有一套适用于电商的VI系统,我们可以称之为"E-VI",根据电商的特点优化为店铺名称、店铺标志、店铺首页构架标准、店铺色彩使用规范、产品摄影、店铺字体、店铺吉祥物等。

店铺名称:朗朗上口或者带有强烈的品牌特征属性的名称会让消费者更容易记住和传播。比如,具有文艺气息的"乔丢丢"、互联网辣条品牌"卫龙辣条"等。

店铺标志:用来代表整个店铺的记号,广泛地出现在产品主图、直通车主图、店招、包装上,让消费者一眼就能看出是某个品牌的产品。

店铺首页构架标准:包括各版面尺寸、结构、排序标准等,决定了店铺首页呈现的方式,可以按照消费者的消费习惯进行设置。

店铺色彩使用规范:通过色彩特有的知觉刺激与心理暗示作用,表达企业的经营理念和产品服务的特质,运用在所有店铺设计的媒体上,包括产品拍摄配色和页面设计配色。

产品摄影:风格统一的产品摄影会让消费者感到品牌的统一性,使消费者更加信任店铺品牌和所销售的产品。

店铺字体:特别设计的字体会增加品牌的辨识度和消费者对于品牌的感知。

店铺吉祥物:一个好的吉祥物也会引起消费者对于品牌的情感共鸣,让产品变成朋友,让销售变得自然。

五、电商视觉营销的衡量标准——点击率

随着视觉营销成为电商品牌化的核心,提高点击率和转化率变成电商公司制胜的关键,同样的位置,谁的图片更吸引人,谁就会拥有更多的消费者。拥有更多的消费者,再加上高的转化率,就可以获得理想的销售额;更高的点击率可以让我们投放的广告效率更高,获取同样数量客户的成本也会大幅降低。

对比现实生活,点击率就像是我们在商店门口发传单的促销员,不断吸引顾客进店浏览产品,而转化率就像是店铺中优秀的售货员,让每一位进店的顾客都能买走自己心仪的产品。视觉营销最重要的就是如何把顾客吸引进来。

电商的命脉是流量,那么点击率就是获取流量的重要指标,我们不断优化、调整设计就是为了给我们的图片赋能,让它们能够获取更多的流量。

所以在电商环境下衡量一张广告图片是否合格,绝不是依靠店主或者设计师的个人喜好,而是要全方位考量负责引流的广告图片能不能获得高的点击率,以及负责展示的广告图片能不能提高用户购买的转化率。

第三节 认识视觉心理学

一、注意力经济

法国有一句经商谚语：即使是水果、蔬菜（如图1-3-1所示），也要像一幅静物写生画那样艺术地排列，因为商品的美感能撩起顾客的购买欲望。

图1-3-1 水果和蔬菜

心理学家的调查显示，在人们接收到的外界信息中，有83%以上是通过眼睛获得，有11%借助听觉获得，有3.5%依赖触觉获得，其余则通过嗅觉获得。由此可见视觉的重要性。

美国人Goldhaber H.在1997年发表的《注意力购买者》（Attention Shoppers）一文中首先提出"注意力（如图1-3-2所示）经济"这一概念。以下是其主要观点。

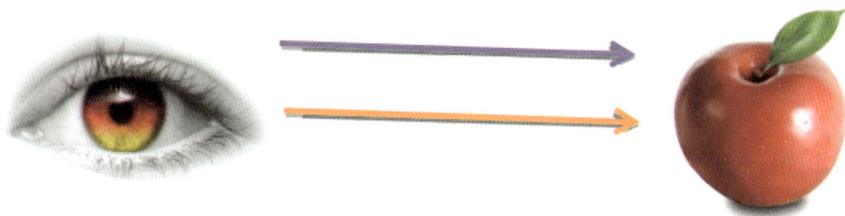

图1-3-2 注意力

(1)注意力是衡量人们关注一个主题、一个事件、一种行为和多种信息的持久度的一种指标。

(2)现代社会，注意力的持久度直接关乎事件的商业价值。

(3)注意力最终是否转化为"经济效益"是衡量企业运作成功与否的重要指标。

(4)注意力不只是短暂的吸引，更重要的是长久的保持，这样品牌的价值才会得以延续。

二、视觉轨迹

视线跟踪技术早期主要应用于心理学研究、助残等领域,后来才应用于图像压缩及人机交互和可用性工程。该技术从用户注视信息中可得到以下三点信息:①推断人们感兴趣或引起注意的内容;②通过所注视的对象得到其指代对象;③暗示对象之间的关系。

不同用户注视方式不同,习惯不同,得到的信息也不同。这里分享常见的八种典型视觉焦点状态,如图1-3-3所示。

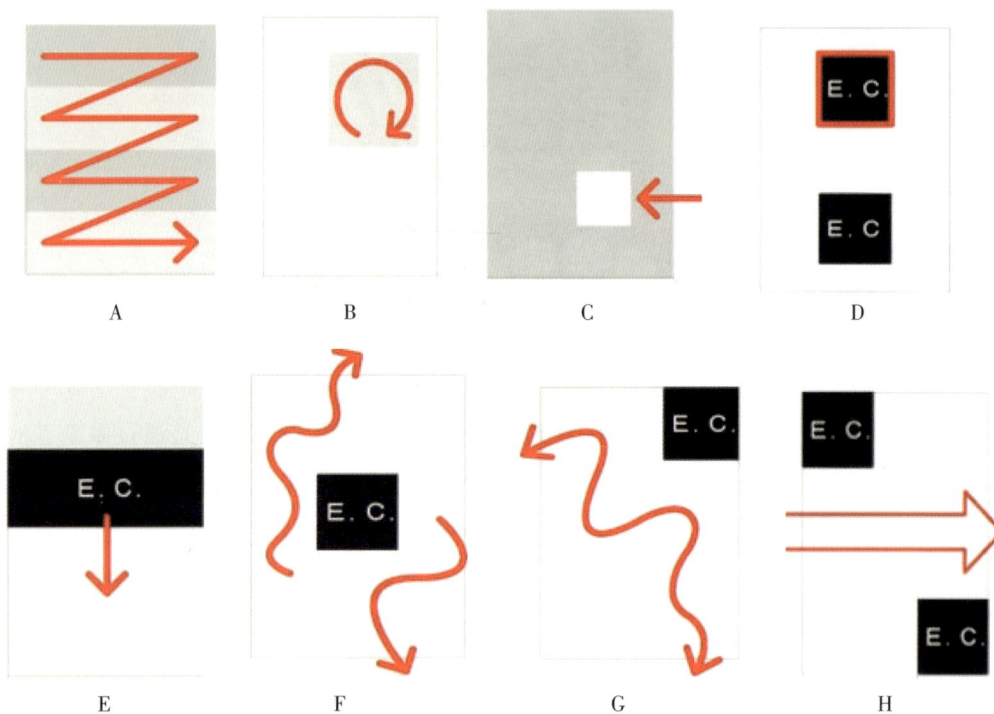

图1-3-3　八种典型视觉焦点状态

图1-3-3中:

A. 左右移动优先于上下移动(文字左右书写的情况)。这是正常人的浏览习惯,同样适用于同规格图片平行排列的情况。

B. 在同一背景区域移动。(当页面某一部分明显区别于其他部分的时候,人们会不断地把视线集中在这儿,来回浏览)

C. 移向醒目的地方。(试想,你登录了淘宝首页或其他广告位置,大家都是黑色系的,你所在的小区域是橘黄色的……)

D. 向底部移动的可能性小。(醒目的边框有着重大的作用!上面部分有醒目边框)

E. 上面配置一个eye-catcher(视觉焦点)会导致难于解读。很多朋友的首页都在最上面放了一个非常耀眼的图片,这种情况就属于E,不利于用户浏览更多、更深入。

F. 中间位置配置了eye-catcher时视线不稳定。

G. 右上方配置了eye-catcher时视线不稳定。

H. 点对称时视线流向稳定。

三、顾客购买心理过程

心理学认为,消费心理指消费者进行消费活动时所表现出的心理特征与心理活动的过程,也指消费者心里发生的一切心理活动,以及由此产生的消费行为。在复杂购买中,消费者的购买决策过程由引起需要、收集信息、评价方案、决定购买和购后行为五个阶段构成。

(1)引起需要。消费者进入市场后,第一步是确认自身需要解决的"问题",即存在着某种需求。

(2)收集信息。消费者的信息来源包括消费者的个人经验、相关群众影响、大众媒体等方面,企业要注意利用以上诸因素为消费者提供信息;同时,还要考虑到影响消费者对信息的获取的因素。

(3)评价方案。在比较复杂的购买行动中,消费者会对已经到手的信息进行估价、比较,以便做下一步的决定。企业应不断开发满足消费者不同需求的产品,并设法使自己经营的商品的商标、特点给消费者留下印象,以便消费者选择与比较。

(4)决定购买。消费者会选择一款处于优势地位的商品。

(5)购后行为。消费者购买商品以后,购买的决策过程还在继续,他要评价已购的商品。企业对这一步仍须给予充分的重视,因为它关系到产品今后的市场和企业的信誉。判断消费者购后行为有两种理论,一种叫"预期满意理论",另一种叫"认识差距理论"。

第二章

视觉营销基础

第一节　视觉设计元素

图形设计是综合体，包含了点、线、面、色、光、质、图、文等各要素的精彩呈现，也是设计全面素养的集中体现。点、线、面是构成平面设计的三大基本元素。从点、线、面这些单个的视觉元素开始，用材料和质感丰富的视觉感受，通过构图、形式美法则、视觉心理等，呈现各种元素组合的形式和效果。

"读图时代"就是视觉传达发展史上最具有代表性的传播方式。视觉传达是将某一信息视觉化的过程，既利用视觉符号语言，又采用基本元素点、线、面构成和重构视觉程序，将视觉信息准确展现与传达，能够让读图者理解视觉语言传达的意义。

一、点元素

点并非是固定不变的元素，很多时候取决于点自身的形状特征，点会因为周围环境有所改变而变化。在平面设计中，一些文字或图形具有点的作用，也可以理解为不同的造型拥有不同点的效果，点的形状可以取决于重组与拼接的构成形状。

以单独形式出现的点元素能在视觉上给观者带来强烈的吸引力。依据点的构成，可分解成大面积构成形态或小面积构成形态，二者虽然都是运用点去构成，但会有两种完全不同的视觉传达效果，小面积构成形态会给观者一种精美的感觉，大面积构成形态会给观者以强烈的视觉冲击力。点在图片中的应用效果，如图2-1-1所示。

图2-1-1　点在图片中的应用效果

　　点的视觉感受。在平面设计中,点元素能够吸引观众的注意力;另外,依据点的位置变化,还能让观众感受到设计所传达的视觉信息。点元素的位置不能随意摆放,在创作时不仅要全面衡量平面设计,更要协调好点与线、面等元素的呼应关系。

　　点造成的心理感受。点元素的表现形式有很多种,每种表现形式都需要经过不同的手段才能达到最佳的视觉效果。在平面设计中,要充分了解观众的心理感受和接受能力,合理运用点的特征,更好地表达设计效果。

二、线元素

　　在几何学中,线是点的移动轨迹所形成的形状。在平面设计中,常见的三种线元素的表现形式为:平面设计中的线元素、不同线元素的心理感受和平面设计中线的切割原则。

　　线的视觉感受。在平面设计中,线元素是构成视觉设计的基本元素之一。线不仅具有长度和宽度,而且具有一定的指向性。在平面设计中,不仅可以利用线元素进行分割、编排或重新布局,还可以借助线元素强调局部与文字信息。线在图片中的应用效果,如图2-1-2所示。

图2-1-2　线在图片中的应用效果

线造成的心理感受。依据线元素的形态不同,可将线形态分为直线和曲线。两种线形态都有各自的形态与表征,可合理运用直线与曲线的形态进行重组与重构,达到预期的平面设计效果。直线元素是将两个点的基本元素进行合理连接而形成的线形态,直线往往会给人们留下果断、直接的视觉心理感受,而在设计创意中大量运用直线元素能形成严谨的视觉感受。

曲线元素按照抛物的轨迹进行移动,它所构成的曲线形态是曲线元素。与直线相比,曲线在平面设计中更显自由、浪漫、飘逸,也更加具有生命的活力与生长感。

线的切割原则。在平面设计中,可通过线元素对整体风格与图形进行突破性的分解和重构,还可利用设计技巧对点、线、面进行合理性的分割与规划,最终得到递进或更加规整的视觉语言。合理运用线元素的切割原则,能够设计出创意更好的平面设计作品。

线框在平面设计中是常见的创意表现手法,在基本元素较多的情况下,能起到增强局部视觉效果的作用。把基本元素融入边框中,可对边框区域内增加关注度。在大多数设计中,线元素是通过组合与重组进行表现的,将线的多种元素分解、重组、重构在一起,汲取点、线、面中的优势进行整体综合性的表达,可使平面设计得到更加理想和强烈的视觉传达力。

三、面元素

在平面设计中,面是最基本的三元素之一。与点和线元素相比,面元素具有更强烈的视觉效果。在视觉与心理感受上,面元素能更好地传达视觉信息,也能更加引人注目。面元素包括面形态与心理联系、构成面的基本原则以及平面设计中面的应用原则。

面的视觉感受。在平面设计中,面占据的位置最大,视觉上也最有冲击力,给观众的心理感受也最强烈。随着面元素的变化,其形态特征也会发生变化,给观众的心理感受也会更新。面的基本特征主要源于所构成的基本元素。在平面设计创意中,面既能给人带来积极的心理感受,也能给人留下消极的心理情绪。面在图片中的应用效果,如图2-1-3所示。

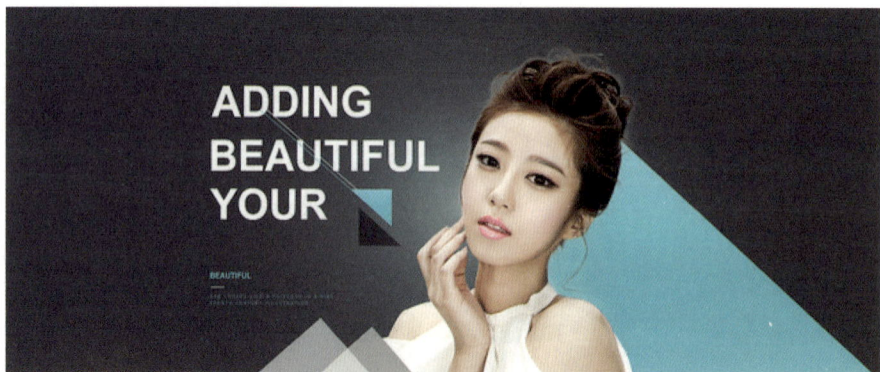

图2-1-3　面在图片中的应用效果

从造型来看,面可分为直面和曲面。曲面包括规则圆面、不规则圆面和椭圆面,曲面的基本特征是具有圆滑的轮廓。将曲面运用到平面设计中,可使平面设计更加圆润和饱满。直面是由直线构成的造型,如正方形、三角形等。这些规则面有界限清晰、轮廓分明的视觉效果。将规则的面运用到平面设计中,能给人以整体的视觉感受。

总之,对平面设计师而言,除了需要认真学习和实践,掌握已有的设计原理外,还应掌握并能合理运用基本元素点、线、面。这是突破瓶颈的最佳方法与路径,是一种解决平面设计难题的有效手段与进步阶梯,更是前进的基石。平面设计的基本元素点、线、面是设计师不断探索的源泉与创意表达依据。

第二节　视觉设计色彩

一、色与光

人眼可以感受到的电磁波的波长为312.30—745.40nm,这段波长范围的光被称为"可见光"。色彩是通过眼睛、脑和我们的生活经验所产生的一种对光的视觉效应。人们把物质反射产生不同颜色的物理特性直接称为颜色。简单来讲,色的产生是因为我们大脑能对不同波长的光进行区分。每种颜色的波的波长不一样,红、橙、黄、绿、青、蓝、紫光的波长依次变短。对于同一道光,不同的生物甚至同是人类(病态与非病态),也可能看到不同的色。

发现光和色的关系其实出于偶然。17世纪后半期,英国科学家牛顿为改进发明不久的望远镜的清晰度,从光线通过玻璃镜的现象开始研究。1666年,牛顿进行了著名的三棱镜实验(如图2-2-1所示)。他将一房间关得漆黑,只在窗户上开一条窄缝,让太阳光射进来并通过一个三角形挂体——玻璃三棱镜。结果出现了意外的奇迹:在对面墙上出现了一条由七色组成的光带,而不是一片白光,七色按红、橙、黄、绿、青、蓝、紫的顺序排列(后期发现排列

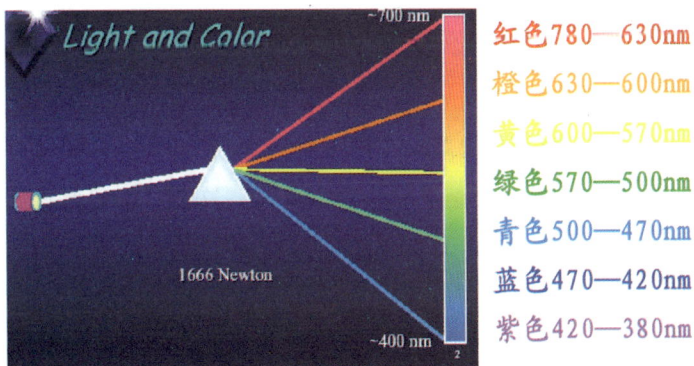

红色780—630nm
橙色630—600nm
黄色600—570nm
绿色570—500nm
青色500—470nm
蓝色470—420nm
紫色420—380nm

图2-2-1　三棱镜实验

顺序是由波长决定的),极像雨过天晴时出现的彩虹。同时,七色光束如果再通过一个三棱镜还能还原成白光。这条七色光带就是太阳光谱。

牛顿之后大量的科学研究成果进一步告诉我们,色彩是以色光为主体的客观存在,对于人则是一种视像感觉,产生这种感觉基于三种因素:一是光;二是物体对光的反射;三是人的视觉器官——眼。即不同波长的可见光投射到物体上,有一部分波长的光被吸收,一部分波长的光被反射出来刺激人的眼睛,经过视神经传递到大脑,形成对物体的色彩信息,即人的色彩感觉。

光、眼、物三者之间的关系,构成了色彩研究和色彩学的基本内容,同时亦是色彩实践的理论基础与依据。

二、色彩三要素

明度,也称色阶,是指色彩的明暗程度。色彩的明度分为三块内容:①不同的色相具有不同的明度,光谱中黄色明度最高,紫色明度最低。②同一色相也会有不同的明度,向确定的一种颜色中加白,明度提高;反之加黑,明度降低。③同一颜色在不同强度光照下会产生不同的明度变化。比如说白光打在一颗有固定颜色的球体上,那么它从明暗交界线到高光,是一个由暗到亮的变化过程,明度由低到高。

色相,即色彩本来面貌,是区分色彩的基础。如大红、普蓝、柠檬黄等。色相是色彩的首要特征,是区别各种不同色彩的最明显标准。从光学意义上讲,色彩的色相取决于波长,波长不同颜色就不同。波长越长,越容易被人们的视觉所感知,如红色。波长越短,越不容易被视线捕捉,如蓝紫色。

纯度,也称饱和度,是指颜色的鲜灰程度。它表示色彩的混合程度或鲜明程度。简单来说,一种颜色被其他颜色调和的次数越多,纯度越低,反之亦然。颜色中以三原色红、黄、蓝为纯度最高色,而接近黑白灰的色为低纯度色。具有一定色相倾向的颜色一定有鲜灰度,而其纯度的高低取决于它所含中性色黑白灰总量的多少。

三、基本配色

颜色不会单一存在。一种颜色的效果是由多种因素共同决定的,如反射的光、周边搭配的色彩、观看者的欣赏角度等。整个画面的色彩搭配需要符合一定的色彩关系,运用色彩调和方法能使画面达到和谐统一且抓人眼球的色彩氛围。在色彩设计中有十个基本配色法则。

（1）无色设计（Achromatic）：不用彩色，只用黑、白、灰色，如图2-2-2所示。

图2-2-2　无色设计

（2）类比设计（Analogous）：在色相环上任选三种连续的色彩或任一种明色和暗色，如图2-2-3所示。

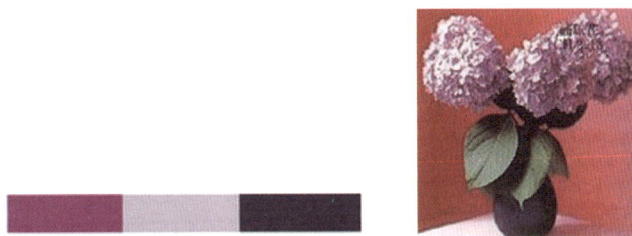

图2-2-3　类比设计

（3）冲突设计（Clash）：把一种颜色和它的补色左边或右边的色彩配合起来，如图2-2-4所示。

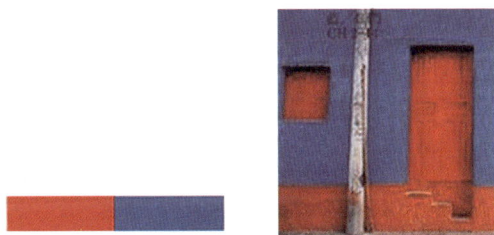

图2-2-4　冲突设计

（4）互补设计（Complement）：使用色相环上全然相反的颜色，如图2-2-5所示。

图2-2-5　互补设计

（5）单色设计（Monochromatic）：把一种颜色和任一种或它所有的明、暗色配合起来，如图2-2-6所示。

图2-2-6　单色设计

（6）中性设计（Neutral）：加入颜色的补色或黑色使它的色彩消失或中性化，如图2-2-7所示。

图2-2-7　中性设计

（7）分裂补色设计（Splitcomplement）：把一种颜色和它的补色任一边的颜色组合起来，如图2-2-8所示。

图2-2-8　分裂补色设计

（8）原色设计（Primary）：把三原色红、黄、蓝色结合起来，如图2-2-9所示。

图2-2-9　原色设计

（9）二次色设计（Secondary）：把二次色绿、紫、橙色结合起来，如图2-2-10所示。

图2-2-10　二次色设计

（10）三次色三色设计（tertiary）：三次色三色是下面两个组合中的一个：红橙、黄绿、蓝紫色或蓝绿、黄橙、红紫色，并且在色相环上每种颜色彼此都有相等的距离，如图2-2-11所示。

图2-2-11　三次色三色设计

通过前面的学习，我们用几个小案例做一下配色分析。下面的案例都是女装，定位不一样，配色也相应变化。案例一为原色设计（如图2-2-12所示），用红、黄、蓝三原色进行搭配，画面效果活跃、饱满、有冲击力。案例二为单色设计（如图2-2-13所示），用白、浅蓝、深蓝色作为衣服的搭配色，画面效果淡雅、协调、高级。案例三为分裂补色设计（如图2-2-14所示），天蓝色和红橙色在色环中有180°的距离，互为补色，内搭的颜色是与天蓝色相邻的颜

图2-2-12　案例一

图2-2-13　案例二

图2-2-14　案例三

色,视觉效果强烈有张力。案例四为中性设计(如图2-2-15所示),画面中不管是占有一定比例的脸还是金色的字,都是暖色调的,大面积的黑色背景让该店招的主题分外突出,整个画面效果鲜明。案例五为三次色三色设计(如图2-2-16所示),该店招大面积使用红紫、黄橙、蓝绿色,色彩饱和度较高,画面效果强烈、明快,产生了醒目而又富有戏剧性的效果。

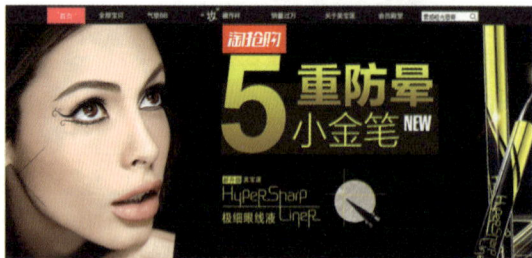

图2-2-15 案例四

图2-2-16 案例五

第三章

商品拍摄

第一节 色彩的运用

一、色彩

"色彩"本身极具艺术性和社会性，是生活的必需品，是人类情感与思想的寄托。在产品拍摄中，视觉效果要具有情感化和理论化的支持，色彩应该具有感情并能与思想产生共鸣，色彩丰富的表现形式能产生情感的张力，能在创作者与观赏者心灵间架起一座互为沟通的桥梁，真实的色彩语言能使感性的传递达到事半功倍的奇妙效果。同时，色彩所隐含的寓意应具有影响力和传承性，人类在创作中产生的色彩感染力应该在实践中得以保存。

要好好认识"色彩"，除了依赖自身的视觉天赋，还应该懂得相应的基础理论知识。光的三原色（如图3-1-1所示）是摄影作品一切颜色的源头。摄影中曝光对画面的色彩影响，集中体现在这色彩三属性（三要素）上，了解并正确运用这些色彩知识，有助于正确控制曝光，提高摄影艺术水平。

色环是色彩的一种科学的直观的表现方式。12色环示意图，如图3-1-2所示。色环可以看作是一个不同颜色之间相互过渡的色轮，常见的有6色、12色、24色、48色等色环。从图3-1-2中可以看到，红、黄、蓝三色（特别说明，红、绿、蓝是光的三原色，它们各占圆环的120°）呈等边三角形，将三色相互混合可得到橙、绿、紫三色，这样就得到6种颜色，以此方法可得到色环中更多的颜色。从色彩属性上分析色环，可以把颜色分为冷色系、中性色系、暖色系。随着色环角度大小的变化，还可以将颜色分为同类色、邻近色、类似色和互补色。

图 3-1-1　光的三原色

图 3-1-2　12色环示意图

色彩是有性格的,不同的色彩会传达不同的视觉情感。人的年龄、经历、性格、民族、风俗习惯、生活环境和个人修养不同,其对色彩的心理反应也会有所不同。

(1)红色。红色波长最长,红光折射系数最小,红色感染力强,容易让人产生热情、活泼的情绪。也会有人因为看到红色而有较大的情绪波动,产生易怒的心理状态。

(2)黄色。黄色波长适中,表现力强,引人注目,是所有颜色中视觉冲击力最强的颜色,有广泛的实用性。它能给人一种轻快、明亮与充满希望的印象。在心理学上,黄色带有脱离困境、难题、苦恼、约束的象征意义。

(3)绿色。绿色波长居于中间,是人眼能够识别的最和谐的颜色。绿色能给人温和、平静、清新的感觉。绿色在心理学中,具有独立自主、不屈服的性格特点。

(4)蓝色。蓝色在三原色中波长最短,很容易让人联想到大海、天空、宇宙。在《艺术的哲学》中,作者用"象征平稳之海的沉默,就是没有固有条件"来形容蓝色。蓝色有着安静、神秘、永恒的迷人气质。同时,蓝色也带有抑郁、阴沉、压抑的色彩感受,如著名画家毕加索在其患抑郁症时开启了他艺术阶段的"蓝色时期"。

对于中国人来说,红色、黄色最早代表统治阶级的权威,而现在早已"飞入寻常百姓家";黑白两色的搭配原先总向人传达一种庄严肃穆的情感,而如今黑白两色已是"百搭"的首选。色彩性格不是一成不变的,它会随着地域、民族、科技进步、文化的不断发展而变化。

人们看到不同色彩会产生不同的心理感受,人们看到物体反射的不同波长的光线后感受也不同。比如当我们看到红色时,不一定想到的就是热情自信,还比较容易联想到火热,这就是感性和理性的相互作用。

色彩本身并无冷暖的温度差别,是视觉色彩引起人们对冷暖感觉的心理联想。色彩的温度(如图3-1-3所示)中,红色、橙色等就是暖色,可以使人联想到火、太阳等事物,让人感觉到温暖;相反,蓝色、紫色等颜色被称为冷色,这些颜色能让人联想到冰、水等物体,使人感觉寒冷。在摄影中充分利用色彩传出的冷暖心理感受,可以很好地突出自己所要传递的主题。

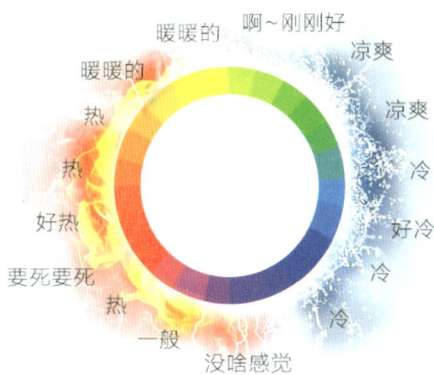

图 3-1-3　色彩的温度

二、色彩的搭配

要想提高摄影作品的整体质量和效果,就要根据摄影理论要求,掌握必要的色彩搭配技巧,保证摄影作品能够在色彩搭配上给人美的感受,提高摄影作品的整体水平。基于这一现实需要,我们要对拍摄对象的色彩搭配进行合理安排。常见配色比例,如图3-1-4所示。

主色70%　　　　辅色25%　点缀色2%

图 3-1-4　色彩的搭配

主色:画面中占有70%左右的比重,是拍摄画面中使用最多的颜色,决定了整个画面的基调。其他的色彩如辅色和点缀色,都将围绕主色进行选择。

辅色:与主色搭配的颜色,占据画面25%左右的比重。辅助色一般颜色略浅,以衬托主色。

点缀色:为了点缀主色与辅助色而出现,通常只占据画面2%左右的比重。点缀色面积虽小,但合适的点缀色可以起到画龙点睛的作用。

在商品拍摄过程中,应合理控制画面主色、辅色、点缀色的占比,使拍摄画面效果达到最优化。

三、色彩的搭配案例欣赏

1. 同一色系

我们可以将同一色系的颜色分为邻近色(如图3-1-5所示)和同类色(如图3-1-6所示),其画面协调、柔和、统一。

邻近色在色环中位置相近,距离不超过90°。一般情况下,邻近色属于同一色系,因此,邻近色的搭配看起来和谐统一。邻近色的搭配可以说是最容易达到柔和统一的颜色搭配。邻近色案例如图3-1-7所示,其通过红色背景和黄色字体,给人带来活力和感染力。

同类色的搭配是给人的视觉感受最为简单的一种搭配,色环中30°以内的颜色搭配可以让画面看起来既统一又文静,既含蓄又稳重;但是,如果处理不当,也会产生呆板单调的负面影响。同类色案例如图3-1-8所示,其通过白蓝灰、浅蓝和普蓝等色构图,给人一种柔软舒适的感觉。

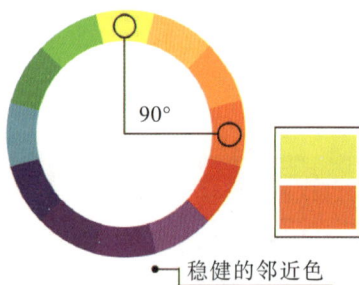

稳健的邻近色

图3-1-5　邻近色

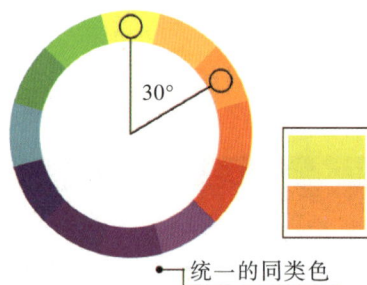

统一的同类色

图3-1-6　同类色

图3-1-7　邻近色案例

图 3-1-8　同类色案例

2. 对比色系

对比色搭配效果华丽,对比色的"对比"包括色相对比、明度对比、饱和度对比、冷暖对比、补色对比、色彩和消色的对比等。它是构成明显色彩效果的重要手段,也是赋予色彩表现力的重要方法。

对比色如图 3-1-9 所示,两种颜色处于 120°的相对位置时会形成华丽的对比,这种类型的视觉冲击力强于邻近色,但又没有互补色那么刺激。对比色案例如图 3-1-10 所示,其用大面积的天蓝色和粉红色构图,图片表现力比较强。

互补色如图 3-1-11 所示,两种颜色处于 180°的相对位置时形成强烈的冲突,这种类型充满气势与活力,拥有着非凡的视觉冲击力。互补色案例如图 3-1-12 所示,其通过红色的肌肤和绿色的球衣、标签和毛豆,橙红色的食物和蓝色的天空,黑色的背景和白色的字多组对比,勾勒出一幅充满活力的欧洲杯场景图。

在配色中,邻近色搭配起来最保险,同类色搭配起来最简洁,而互补色搭配既能彰显华丽,又活跃、饱满,且感染力强。要想最大限度地引人注目,色环中 180°的相对距离,会使得这类颜色的搭配效果熠熠生辉,灵活运用互补色,会使画面撞击出强烈的色彩感。

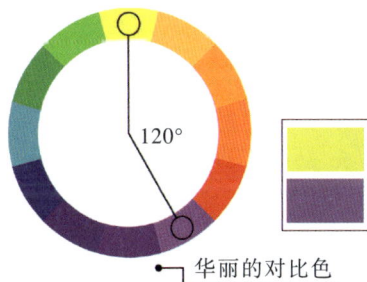

图 3-1-9　对比色

图 3-1-10　对比色案例

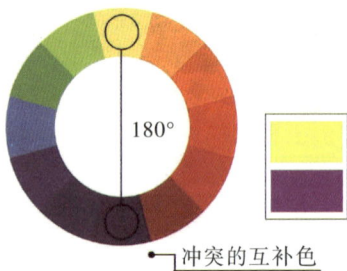

图 3-1-11　互补色

图 3-1-12　互补色案例

第二节　电商摄影基础

近年来,随着数码单反相机功能越来越先进,大家产生一种错误的认识,即拍摄一张好的照片是件很简单的事情。对于商品拍摄,一张好的商品照片是电商网店选品的第一步,从摄影镜头的选用到快门、光圈、iso感光度,再到拍摄环境、拍摄角度、光线的调整等,摄影师都需要考虑。一张创意的商品图片更是保证商品点击率,获取流量的利器。

一、认识单反

单反相机(如图 3-2-1 所示)是指单镜头反光,数码单反即数码单镜头反光照相机(Digital Single Lens Reflex,DSLR),有当今最流行的取景系统,大多数35mm照相机都采用这种取景系统。在这种系统中,反光镜和棱镜的独到设计使得拍摄者可以从取景器中直接观察到通过镜头的影像。

AF Sensor

图 3-2-1　单反相机

世界上第一台真正具有实用价值的35mm胶卷单镜头反光照相机,是由日本宾得公司于1954年发布的 Asahiflex II。目前常见的生产单反相机的厂家有佳能、尼康、索尼、莱卡等公司。作为一名摄影师,我们应该清楚,相机只是达到目的的一种手段,而照片才是我们最终的追求,我们应尽量做到,不论用任何器材,都能拍出好照片。如果把每一个品牌的单反相机都拿来拍摄,你会发现,即使拍摄的参数都一样,最终获得的照片也不会完全一样。相机不是万能的,并不是贵的相机就可以拍出想要的效果,应根据自己的喜好来选择品牌。

二、照相机的基本原理

照相机是一种利用光学原理形成影像并记录影像的设备。不管什么相机都遵循最基本的光学原理,即小孔成像原理。这里简单介绍一下成像系统的原理(如图3-2-2所示)。经过镜头(组)的光线聚焦在CCD或CMOS上,CCD或CMOS将光转换成电信号。然后经处理器加工,记录在相机的内存上。最后通过电脑处理和显示器的电光转换,或经打印机打印便形成影像。

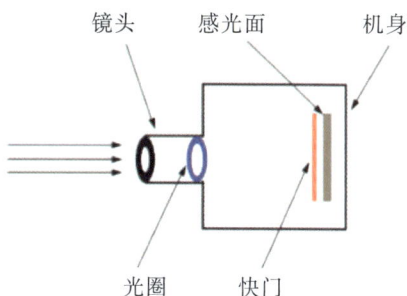

图3-2-2 相机成像系统的原理图

🌢 第三节 影棚拍摄技巧

一、影棚布置及拍摄原理

影棚拍摄时要尽量选择整洁和单色的背景,照片里不宜出现其他不相关的物体,除非是为了衬托商品而使用的参照物或配饰。影棚拍摄对拍摄场地面积、背景布置、灯光环境等都有一定的要求,拍摄条件达到要求,才能拍出具有专业感的照片。如图3-3-1所示。

摄影的核心就是曝光。所谓曝光,就是让光线正确呈现在照片上。数码相机,曝光的原理是传感器将光信号变为电子信号。如果参数调整不对,就不能得到正确的信息。

曝光三要素:感光度、光圈、快门。曝光三要素相互制衡,缺一不可。

图3-3-1 影棚拍摄布置

1. 光圈

光圈(如图3-3-2所示),用来描述镜头进光量的数值、相对孔径、光孔直径、镜头焦距比值等,光圈数(F值)和光圈是一个反比关系。

图3-3-2　光圈

光圈就好比是水龙头。如果把它开大,就有大量的光线进入;如果把它关小,就进入少量的光线。

光圈是决定镜头的属性好坏的重要标准之一。以尼康镜头为例,VR:Vibration Reduction,光学防抖,可降低三档快门速度;ED:超低声散镜片;AF-S:超声静音马达。

光圈的数值与孔径的大小决定着通过镜头进入感光元件的光线的多少。光圈大小用F值表示,光圈F值=镜头的焦距/镜头光圈的直径。

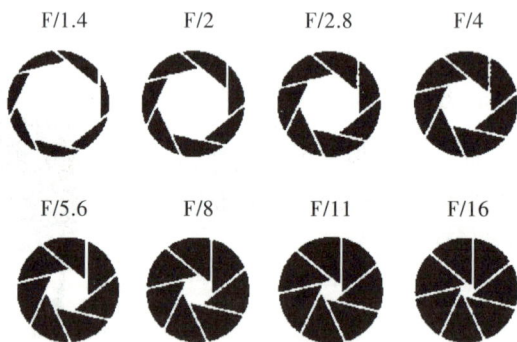

F/1.4　　F/2　　F/2.8　　F/4

F/5.6　　F/8　　F/11　　F/16

图3-3-3　光圈F值

光圈的作用在于决定镜头的进光量,光圈越大,进光量越多;反之,则越小。如图3-3-3所示,完整的光圈值系列如下:F1.0,F1.4,F2.0,F2.8,F4.0,F5.6,F8.0,F11,F16,F22,F32,F44,F64。F值后面的数值越小,光圈越大。简单来说就是,在快门不变的情况下,光圈越大,进光量越多,画面越亮;反之,则光圈越小,画面越暗。

2. 快门

快门(如图3-3-4所示)是摄像器材中用来控制光线照射感光元件时间的装置,简单来说就是打开光路的时间。大多数快门分为两档,轻轻按下去会发出"嘀嘀"的对焦声,并且对焦,再按下去就会拍摄一张照片。安全快门约为1/125s。

图3-3-4　快门零件图

快门速度指的是控制曝光时间的长短,快门速度越快,曝光时间越短;快门速度越慢,曝光时间越长。相机上的快门速度以秒为单位,比如30s、15s、8s、4s、2s、1s、1/2s、1/4s、1/8s等。分母越大,表示快门速度越快,曝光时间越短;分母越小,表示快门速度越慢,曝光时间越长。

一般来说1/2s、1/4s就是很慢的快门速度了,1/30s、1/60s为慢速快门,1/250s、1/500s是高速快门,而1/2000s、1/4000s就是非常快的快门速度了。同样,我们也可以这样理解,高速快门进光时间短,进入光线少;慢速快门进入光线时间长,进光量多。

3. 感光度

数码相机的感光度(ISO)是一种类似于胶卷感光度的指标,等同于激发感光元件的潜能,让感光元件能力更强,如图3-3-5所示。

图3-3-5　感光元件

ISO感光度用于衡量底片对光的灵敏程度,用数字表示对光线的敏感度。ISO感光度主要通过敏感度测量学及测量数值来决定,ISO感光度越高,对光的敏感度越强。因此,高ISO感光度适合拍摄低光和运动物体;但图像可能包含噪声点,并且可能具有更大的粒度感。

低ISO感光度不适合拍摄低光和运动物体,但图像更为细腻。ISO灵敏度和环境温度越高,图像中的噪声点就越多。高温、高ISO感光度或长时间曝光可能导致图像颜色异常。

如果学会了使用曝光三要素,再配合焦距的使用,那么你基本就会使用单反了。那什么是焦距呢?

焦距,是光学系统中衡量光的聚集或发散的度量方式,指平行光入射时从透镜光心到光聚集之焦点的距离。具有短焦距的光学系统与具有长焦距的光学系统相比,有更佳的聚集光的能力。简单说,焦距是焦点到面镜的中心点的距离。

焦段也是决定镜头的属性好坏的重要标准之一。不同的焦段有不同的视野,焦段分为定焦和变焦。50mm标准镜头用于最平实的叙述,50mm以下广角镜头有利于构图和大场景,50mm以上长焦镜头用于背景虚化利器,需要较高的快门速度。

日常生活中最常用的焦段:标准为501.4mm,长焦为70—200mm,广角为14—24mm,如图3-3-6所示。

标准:501.4mm   长焦:70—200mm   广角:14—24mm

图3-3-6　最常用焦段

我们来看一下不同焦距下,同一个位置拍摄出来的照片视觉效果。分别用长焦(200mm)、标准(50mm)、广角(12mm)拍摄,照片效果如图3-3-7—图3-3-9所示。

图3-3-7　焦段200mm的照片效果

图3-3-8　焦段50mm的照片效果

图 3-3-9　焦段 12mm 的照片效果

二、影棚拍摄技巧——光的作用

摄影是一门光的艺术。在商品拍摄中运用光线的特征,以及光线与主体的关系,可以影响拍摄效果。光线与主体的位置关系,如图 3-3-10 所示。

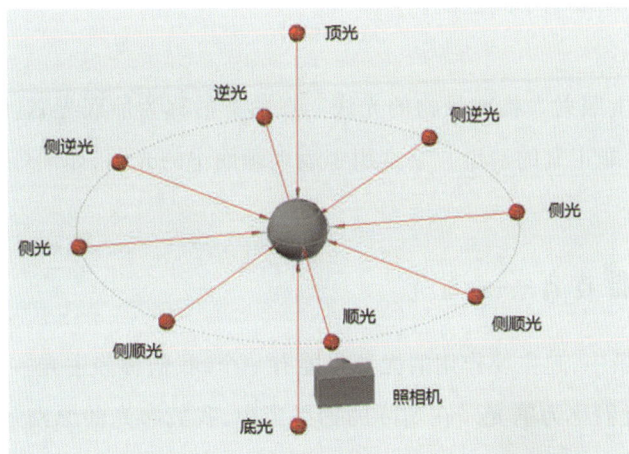

图 3-3-10　光线与主体的位置关系图

1. 顺光

顺光亦称正面光,指光线投射方向跟摄影机拍摄方向一致时的光线。顺光时,被摄体受到均匀的照明,景物的阴影被自身遮挡,影调比较柔和,能隐没被摄体表面的凹凸及褶皱,但处理不当会比较平淡。在顺光拍摄时,可以利用构图来增强照片的立体感,比如使用前景、对焦线构图等。

2. 侧顺光

侧顺光指光线投射水平方向与摄影机镜头之间的夹角为 45°左右时的光线。在摄影艺术创作中,常用作主要的塑形光。这种光线能使被摄体产生明暗变化,从而很好地表现出被摄体产生的立体感。

3. 侧光

侧光指光线投射方向与拍摄方向之间的夹角为90°左右时的光线。侧光能使被摄体有明显的阴暗面和投影,从而对被摄体的立体形状和质感有较强的表现力。

4. 侧逆光

侧逆光亦称反侧光、后侧光,指光线投射方向与摄影机拍摄方向之间的夹角为135°左右时的光线。侧逆光能使被摄体大部分处在阴影之中,被摄体被照射的一侧往往有一条亮轮廓,从而能较好地表现被摄体的轮廓形状和立体感。

5. 逆光

逆光亦称背面光,指来自被摄体后面的光线。由于从背面照射,只能照亮被摄体的轮廓,所以又称作轮廓光。逆光有正逆光、侧逆光、顶逆光三种形式。

6. 顶光

顶光指来自被摄体上方的光线。在顶光照明下,被摄体的水平面照度大于垂直面照度,被摄体的亮度间距大,缺乏中间层次。

7. 底光

底光指由下向上照射人物或景物的光线。在前方的称为前底光,这种造型光线形成自下而上的投影,产生非正常的造型。它常用于表现画面中的光源,如油灯、台灯、篝火等自然照明效果。

三、影棚拍摄技巧——布光

在一个拍摄场景中,起主要作用的光源只能有一个,我们称为主光。其他辅助补光的光源可以有若干个,我们称为辅光。在实际的拍摄当中,我们布光的原则是做加法,即把手中的原料——各种光源一个一个地叠加起来构成复杂的灯光系统。先从单灯开始,布置好主要光源的位置和大小,然后再根据产品的特性和拍摄的要求加进去辅助光源。

布光是让塑造的形象更具表现力的关键。在拍摄中运用不同的布光来表现出商品的软硬、粗细、轻重、厚薄和冷热等视觉感受,使消费者直观地看到商品的不同形态,由此去联想他们在享受商品时可能获得的感受。

布光的方法有很多种,其最基本的原理就是模拟自然界中人们对于光的认识。有些光线天生就能让人产生某种情绪和感觉。这里给大家展示几种常用的布光方法,如图3-3-11所示。

常见的布光方式

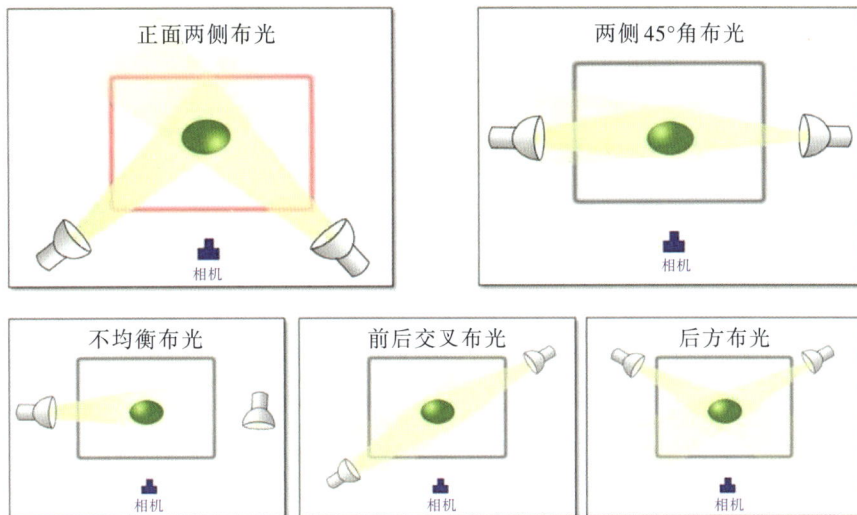

图 3-3-11 常见的布光方式

1. 正面两侧布光

正面两侧布光是商品拍摄中最常用的布光方式。正面投射出来的光线全面而均衡,商品表现全面,不会有暗角。但是难以表现出被摄体的线条结构以及立体感,容易导致画面平淡。戒指正面两侧布光,如图 3-3-12 所示。

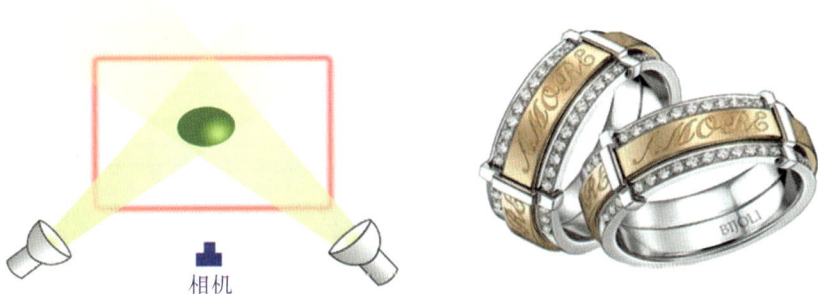

图 3-3-12 戒指正面两侧布光

2. 两侧 45°角布光

两侧 45°角布光使商品的顶部受光,正面没有完全受光,适合拍摄外形扁平的小商品,不适合拍摄立体感较强且有一定高度的商品。钥匙扣两侧 45°角布光,如图 3-3-13 所示。

图 3-3-13　钥匙扣两侧45°角布光

3. 不均衡布光

商品一侧出现严重阴影,底部的投影也很深,商品表面很多细节无法得以呈现。同时,由于减少了环境光线,反而增加了拍摄的难度。优点是展示了商品的立体感。紫茶壶不均衡布光,如图3-3-14所示。

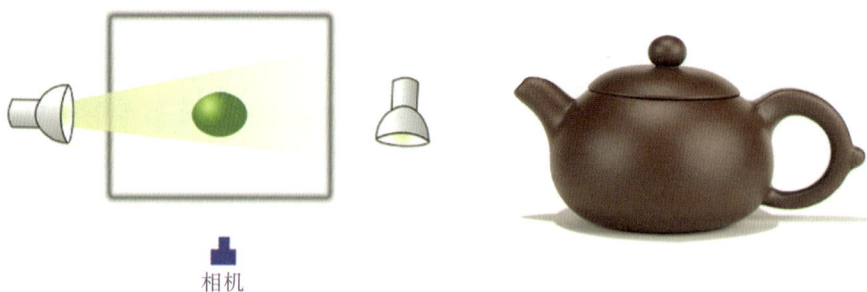

图 3-3-14　紫茶壶不均衡布光

4. 前后交叉布光

从商品后侧打光可以表现出表面的层次感,前后交叉布光既能表现出商品的层次,又保全了所有的细节,比单纯只用一侧灯光的效果更好。银筷子前后交叉布光,如图3-3-15所示。

图 3-3-15　银筷子前后交叉布光

5. 后方布光

商品的正面因没有光线而产生大片的阴影,无法看到商品的全貌,因此除拍摄通透性的商品以外,不要轻易尝试这种布光方式。玻璃杯后方布光,如图3-3-16所示。

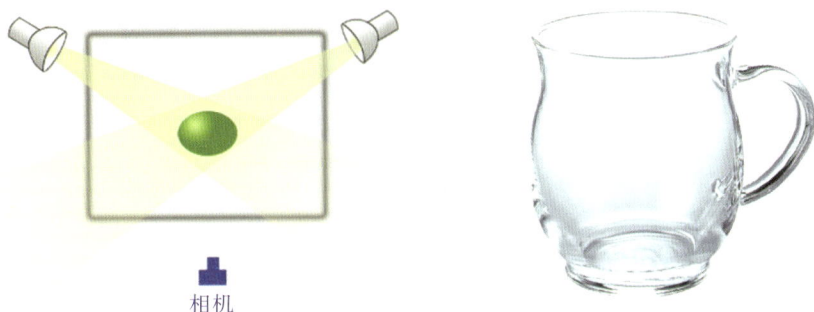

相机

图3-3-16 玻璃杯后方布光

第四节 商品拍摄(静物)

将商品真实、清晰地呈现在消费者的面前,是商家需要学习的一项重要技能。而产品摄影和其他很多摄影(如艺术摄影)有所不同,所以很多商家在进行产品摄影的时候,作品常会由于技术等原因而效果不理想。下面我们以拍摄静物(衣服)为例进行介绍。

一、产品摆放技巧

产品背景的选择很关键,其重点在于凸显产品。商品拍摄中,背景在表现主体所处的环境、气氛、空间、整个画面的色调及其线条结构方面,都有着很重要的作用。由于背景的面积比较大,能够直接影响画面内容的表现,背景处理得好坏,在某种程度上决定着静物拍摄的成败。背景使用的材料主要有:专用的背景布/纸、呢绒、丝绒、布料、纸张和墙壁等。

在衣服的摆放方面做到:①熨烫整齐,在拍摄衣物时,避免衣服出现褶皱,看起来质量不佳的现象。②摆放一步到位,找到商品的最佳角度放置好,不要多次变动。在需要换角度的时候重新进行摆放。③选择适当的搭配或者点缀来提高视觉效果。好的搭配能够锦上添花。④摆放生动。选出倾斜角度来拍摄,避免视觉僵硬。或者可以将衣襟撩起来打造一种立体感。衣服的摆放,如图3-4-1所示。

摆放前　　　　　　　　　　摆放后

图 3-4-1　衣服的摆放

二、静物拍摄的关键

静物摄影是非常有商业价值的,例如杂志、产品目录、淘宝店铺等都需要产品展示。静物摄影可以有很多的细节,可以说故事,甚至可以提供感官体验。静物拍摄的关键在于凸显产品,需要做到以下三点。

形,即商品的外形特征,要点在于角度选择和构图处理,千万注意不要失真,最好应同时附有参照物,便于买家直接理解商品的实际尺寸。图片清晰、自然,构图合理,可以多角度展示,如图 3-4-2 所示。

图 3-4-2　从多角度展示图

色,即商品的色彩还原,要点在于色彩还原一定要真实,和背景要有尽可能大的反差(除近白色物体外)。特别是服装类商品,拍摄后要及时核对样片,防止出现色差引起售后纠纷。包的色彩拍摄图,如图 3-4-3 所示。

图 3-4-3　包的色彩拍摄图

质,即商品的质地、质感。作为体现质的影纹必须细腻清晰,工艺品一类的商品更应是纤毫毕现。因此,体现质主要应用微距拍摄,这就要求配合使用相机的微距功能、布光和三脚架。衣服细节图,如图3-4-4所示。

图3-4-4　衣服细节图

🌿 第五节　商品拍摄(模特)

生活中从来不缺少美,而是缺少发现美的眼睛。优秀的广告摄影具有很强的艺术性和对用户眼球的吸引性,用户会从商业摄影的作品中看到商品的特性,并产生对商品的第一感受,优秀的摄影作品往往能给人一种惊叹或者直击心灵的感受。

另外,在大数据时代,消费者每天接受的信息千千万万。摄影要想如何在消费者浏览的众多信息中脱颖而出,就需要它最终的展示能在第一时间充分吸引消费者的眼球。而以模特来展示最佳的产品形象,往往能在第一时间吸引顾客。

一、灯光要求

各种不同的摄影附件可以改变光源的性质和照射面积,在实际拍摄产品的时候,我们需要通过各种光线的组合来达到预期的拍摄效果,这就是摄影中的布光。

灯光照明会对人物拍摄效果产生巨大的影响,同一个人同样的表情,在不同的光线环境下拍摄的照片,似乎是两个人。服装模特的拍摄更是如此。模特在不同的光线环境下的对比图,如图3-5-1所示。

图3-5-1 模特在不同的光线环境下的对比图

人物布光的方法有很多种,其最基本的原理就是模拟自然界中人们对于光的认识。有些光线天生就能让人产生某种情绪和感觉。这里给大家展示几种常用的模特棚拍灯光布光方法。

1. 伦勃朗光

伦勃朗光的基本光效是:在人物正脸部分形成一个三角形的光斑,故也称作三角光;分别由眉骨、鼻梁的投影及颧骨暗区包围形成。

它起源于文艺复兴时期荷兰著名画家伦勃朗所画的油画,画家采用强烈的明暗对比画法,用光线塑造形体,画面层次丰富,富有戏剧性。伦勃朗光拍摄及效果,如图3-5-2所示。

图3-5-2 伦勃朗光拍摄及效果

2. 蝴蝶光

蝴蝶光通常的布光方式是主光源在镜头光轴上方,也就是在被摄者脸部的正前方,由上向下呈45°方向投射到人物的面部,投射出一个鼻子下方似蝴蝶的形状的阴影,给人物脸部带来一定的层次感。蝴蝶光拍摄及效果,如图3-5-3所示。

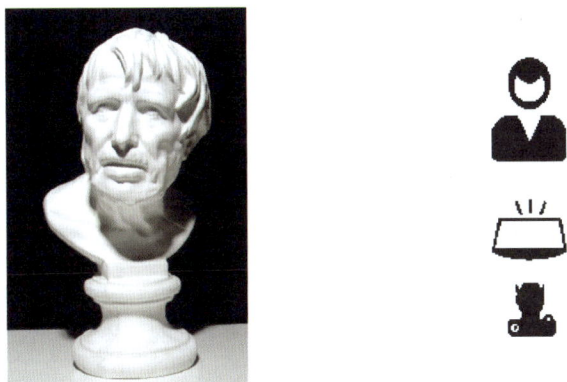

图3-5-3 蝴蝶光拍摄及效果

3. 鳄鱼光

鳄鱼光是在蝴蝶光基础上演绎出的一种相当不错的影楼布光。它使人物面部得到柔美均匀的光照,又在脸颊两侧产生淡淡的阴影,从而使人物具有立体感。

用鳄鱼光拍摄时注意两点:一是人物两侧加上反光板减小光比,使光线过渡更加自然;二是人物应该位于两灯平面的垂直交点附近。鳄鱼光拍摄及效果,如图3-5-4所示。

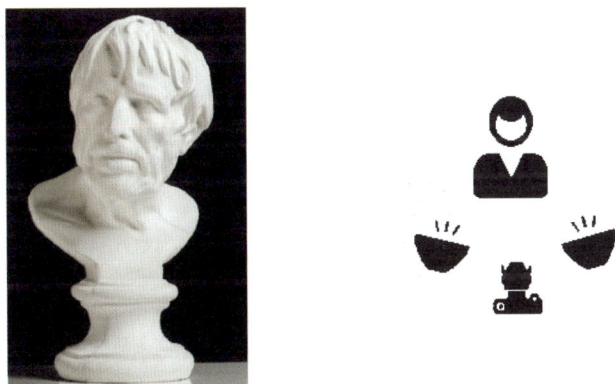

图3-5-4 鳄鱼光拍摄及效果

4. 轮廓光

轮廓光是对着摄像机方向照射的光线,是逆光效果。轮廓光起勾画被摄对象轮廓的作用。在主体和背景影调重叠的情况下,比如主体暗,背景亦暗,轮廓光起分离主体和背景的作用。在用人工光照明时,轮廓光经常和主光、副光配合使用,使画面影调层次富于变化,增加画面形式美感。轮廓光拍摄及效果,如图3-5-5所示。

图3-5-5　轮廓光拍摄及效果

除了以上这几种室内布光方式,我们也可以利用室外的空间进行拍摄。下面我们来讲讲外拍技巧。

1. 反光板

反光板是利用太阳的利器,阳光从背面照射过来会让人感觉暖暖的,但也会让模特面部变得很暗。这时用反光板对着阳光的方向,把光线反射到模特的脸上就会让整个画面看起来既协调又美丽。反光板拍摄及效果,如图3-5-6所示。

图3-5-6　反光板拍摄及效果

2. 外拍灯

如果拍摄时阳光不是很给力怎么办呢?这时外拍灯就发挥功能了。它和影棚灯一样,可以创造出摄影师想要的光线,从而创造完美的拍摄条件。外拍灯拍摄及效果,如图3-5-7所示。

图 3-5-7　外拍灯拍摄及效果

3. 自然光

如果太阳光线很充足的话,可以找一个阴影或者云彩相对比较多的地方。这时云彩和建筑物就可以发挥影棚拍摄柔光箱的作用,收到柔化光线的效果。自然光拍摄及效果,如图 3-5-8 所示。

图 3-5-8　自然光拍摄及效果

二、摆拍技巧

模特拍摄与一般的静物拍摄有很大的差别,模特拍摄讲究的是模特的动作和造型,这也是拍摄时应该考虑到的事项,建议先有一定的规划。根据展示的产品情况,可以选择让模特自己摆造型,也可以根据情况适当地进行摆拍,掌握好拍摄角度和拍摄光线等,拍摄出符合主题的照片,产品展示效果也会更好。

1. 模特摆拍技巧

头部、身体忌成一条直线。两者若成一条直线,难免会有呆板之感。当被摄者的眼睛正对镜头时,让身体转成一定的角度,会使画面显得充满生机和动感,并能增加立体感。头部、身体不成一条直线,如图3-5-9所示。

图3-5-9　头部身体不成一条直线

双臂和双腿忌平行。无论被摄者是持坐姿或是站姿,千万不要让双臂或双腿呈平行状,因为这样会让人有僵硬、机械之感。妥当的做法可以是一曲一直或两者构成一定的角度。这样的姿势既造成动感,又富于变化。双臂和双腿不平行,如图3-5-10所示。

图3-5-10　双臂和双腿不平行

尽量让体形曲线分明。通常的做法是让人物的一条腿实际上支撑全身的重量,另外一条腿稍微抬高些并靠着站立的那条腿,臀部要转过来,以显示其最窄的一面。同时,人物的一只手可以摆在臀部,以便给画面提供必要的宽度。

细节的拍摄。一般拍摄,特别是服装拍摄,都要有细节的拍摄,例如通过局部展示来体现产品的质地以及对细节的处理。细节的拍摄,如图3-5-11所示。

图3-5-11 细节的拍摄

表现好手姿。被摄者的手在画面中的比例不大,但若摆放不当,会破坏画面的整体美感。拍摄时要注意保持手部完整,不要给人变形、残缺的感觉。常见的手姿,如图3-5-12所示。

图3-5-12 常见的手姿

2. 摄影角度的选择

对于摄影师来说,模特的重要性不言而喻。一个好的、有经验的模特可以减轻摄影师的工作,同时也能为摄影师拍出好作品提供一定的保障。所以在寻求合作时,最好找一个经验丰富、敬业的模特。如果是在室内拍摄,要考虑场景与道具的选择,灯光则完全由自己控制;如果是在室外拍摄,要考虑天气是否会影响拍摄,同时灯光的布置也会受到阳光的影响。当然,摄影师的拍摄能力也会影响图片的美观性,比如摄影师的角度拍摄技巧会影响图片质量。不同产品从不同的角度拍摄会产生不同的效果,下面对于服装的几种角度拍摄做一下分享。例如,平拍(如图3-5-13所示)更适合拍摄上衣、裙装,仰拍(如图3-5-14所示)更适合拍摄裤子、靴子,俯拍(如图3-5-15所示)更适合拍摄内衣、贴身衣物等。

图3-5-13　平拍　　　　　　图3-5-14　仰拍　　　　　　图3-5-15　俯拍

第四章

构图与图片处理

第一节　美化软件认知

一、Photoshop 软件的基本概念

Photoshop 软件通常指的是 Adobe Photoshop，简称 PS，是由 Adobe Systems 开发和发行的图像处理软件。Photoshop 起始界面，如图 4-1-1 所示。

Photoshop 主要处理以像素所构成的数字图像，用众多的编修与绘图工具更有效地进行图片编辑。它可以处理位图，图片放大或缩小都不会失真，且相比其他软件，更加方便。

图 4-1-1　Photoshop 起始界面

特别提醒，Photoshop 主要是用于图像处理，而非图形创作。图像处理是对已有的位图图像进行的编辑加工处理以及运用一些特殊效果，其重点在于对图像的处理加工；图形创作软件是按照自己的构思和创意，使用矢量图形来设计图形。

Photoshop 应用领域也非常广泛。

二、Photoshop 软件的适用领域

1. 平面设计

平面设计是 Photoshop 应用最为广泛的领域，无论是我们正在阅读的图书封面，还是大街上看到的海报（如图 4-1-2 所示），这些具有丰富图像的平面印刷品，基本上都需要用 Photoshop 软件对图像进行处理。

图 4-1-2　海报

2. 修复照片

Photoshop 具有强大的图像修饰功能。利用这些功能,可以快速修复一张破损的老照片,也可以修复人脸上的斑点等缺陷。照片修复前后的对比,如图 4-1-3 所示。

图 4-1-3　照片修复前后对比

3. 广告摄影

广告摄影(如图 4-1-4 所示)作为一种对视觉要求非常严格的工作,其最终成品往往要经 Photoshop 的处理才能得到满意的效果。

图 4-1-4　广告摄影

4. 影像创意

影像创意(如图4-1-5所示)是Photoshop的特长,通过Photoshop的处理可以将原本风马牛不相及的对象组合在一起,也可以使用"狸猫换太子"的手段使图像发生神奇的变化。

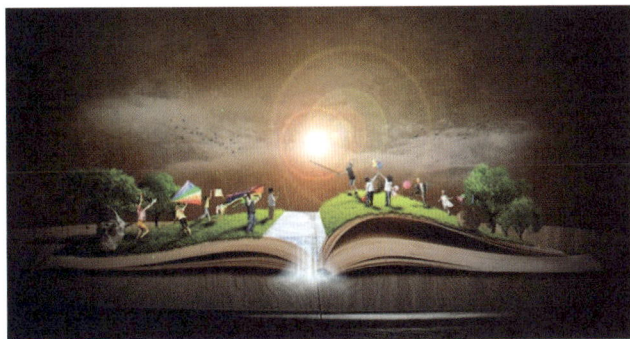

图4-1-5　影像创意

5. 艺术文字

利用Photoshop可以使文字发生各种各样的变化,这些经艺术化处理的文字能为图像增加炫彩的效果。艺术文字,如图4-1-6所示。

图4-1-6　艺术文字

6. 网页制作

网络的普及是促使更多人掌握Photoshop的一个重要原因。因为在制作网页时,Photoshop是必不可少的网页图像处理软件。用Photoshop制作的网页,如图4-1-7所示。

图 4-1-7　用 Photoshop 制作的网页

7. 建筑效果图后期修饰

在制作的建筑效果图中包括许多三维场景图时,人物与配景包括场景的颜色常常需要在 Photoshop 中增加并调整。建筑效果图,如图 4-1-8 所示。

图 4-1-8　建筑效果图

8. 绘画

由于 Photoshop 具有良好的绘画与调色功能,许多插画设计制作者往往使用铅笔绘制草稿,然后用 Photoshop 填色的方法来绘制插画。Photoshop 的绘画效果,如图 4-1-9 所示。

图 4-1-9　Photoshop 的绘画效果

9. 绘制或处理三维贴图

在三维软件中,如果能够制作出精良的模型,而无法为模型应用逼真的贴图,也无法得到较好的渲染效果。利用 Photoshop 可以制作在三维软件中无法得到的效果。用 Photoshop 绘制或处理三维贴图的效果,如图 4-1-10 所示。

图 4-1-10　用 Photoshop 绘制或处理三维贴图的效果

10. 视觉创意

视觉创意与设计是设计艺术的一个分支,此类设计通常没有非常明显的商业目的。由于 Photoshop 为广大设计爱好者提供了广阔的设计空间,越来越多的设计爱好者开始学习 Photoshop,并设计具有个人特色与风格的视觉创意。视觉创意,如图 4-1-11 所示。

图 4-1-11　视觉创意

11. 界面设计

界面设计(如图 4-1-12 所示)是一个新兴的领域,已经受到越来越多软件企业及开发者的重视,虽然暂时还未成为一种全新的职业,但相信不久一定会出现专业的界面设计师。界面设计效果如图 4-1-12 所示。

图 4-1-12　界面设计效果

第二节　常见的构图方式及图片处理

一、常见的构图方式

商品构图是网店商品图片上线前的必要环节。好的构图可以提升商品的质感,而各种构图方法的灵活运用,既能突出店铺所要表达的核心内容,也能将店铺的真正目的传达给买家,刺激买家的购买欲望。下面介绍3种构图方法。

1. 商品主图构图

网店不同于实体店,图片是网店传递商品信息的主要元素之一。由于商品主图是买家进入详情页前第一眼所见,所以主图的呈现效果在整个页面中显得尤为重要。商品主图的呈现方式(如图4-2-1所示)有以下几种:有故事的构图、图文结合式构图和多角度构图。

有故事的构图　　　　　图文结合式构图　　　　　多角度构图

图 4-2-1　主图的呈现方式

2. 焦点图构图

焦点图是网店宝贝风格和形象的一个展示窗口,一般多使用在网店首页版面或淘宝频道首页版面,主要是以图片的形式,通过视觉吸引性让买家驻足,在为店铺产品做宣传的同时,也能更好地渲染出欢快的购物氛围,以达到更高的销售转化率。

在进行网店焦点图构图设计时,先把文案梳理清楚,然后规划焦点图的布局结构。目前主流的焦点图布局版式(如图4-2-2所示)有3种:左图右字、右图左字和两边图中间字。

图 4-2-2 焦点图布局版式

3. 详情页构图

商品详情页设计的目的是激发买家的消费欲望,树立买家对店铺的信任感,让买家了解商品详情的同时避免不必要的售后服务,促成订单的成交。商品详情页也是网店推广自身商品的重要渠道,好的商品详情页对转化率有着提升的作用。

女装详情页构图,如图4-2-3所示。其运用FAB法则,即通过详情页展示商品的属性、作用、益处等的法则。FAB对应的是三个英文单词:Feature、Advantage和Benefit,按照这样的顺序来介绍,就是一种说服性演讲的结构,它达到的效果就是让客户相信你的产品是最好的。这使得商品卖点图以并列拼接的方式呈现,优势模特图与模特商品展示相呼应,连续的并列图文描述加上拼接的面料解析。这种上下图承接的构图效果能让商品优势与卖点的呈现更和谐。

图 4-2-3 女装详情页构图

二、常见的图片处理

除了商品构图外,在视觉营销蓬勃发展的当下,商品图片的处理也成了网店运营中重要的环节之一。这里介绍几种常见的图片处理方法。

1. 颜色调整

在商品拍摄时,由于环境光线的原因,经常会拍摄出有偏色的照片。如图4-2-4(a)所示,模特身上的正红色裙子由于光线不足造成偏色,产生了橘红色的色差,失去了商品的原色,可利用Photoshop中的"曲线"工具进行还原,如图4-2-4(b)所示。

偏色图(a)　　　　　　　　调整偏色后(b)

图4-2-4　调整偏色

简要操作步骤如下:

在Photoshop中将图片打开,执行"图片"→"调整"→"曲线"命令,在调整时,"通道"设置为RGB模式,如图4-2-5(a)所示。

由于图片颜色偏暗,先调整图片亮度,用鼠标在斜线上单击并向左上方调整,图片颜色变亮,调整为合理色调。反向操作则颜色变暗。如图4-2-5(b)所示。

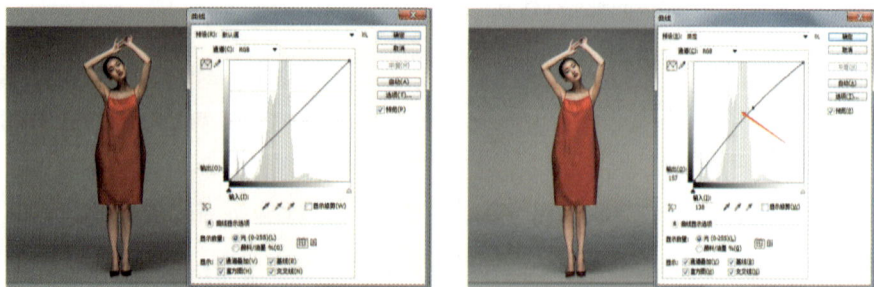

偏色图(a)　　　　　　　　调整偏色后(b)

图4-2-5　调整图片亮度

2. 饱和度调整

在 Photoshop 中打开一张图片,执行"图像"→"调整"→"色相/饱和度"命令,在打开的"色相/饱和度"对话框(如图 4-2-6 所示)中,拖动调整饱和度的滑块向右移动,增加图片的饱和度,同时观察图片的颜色变化,与实际颜色相同时停止。

图 4-2-6　饱和度调整

3. 亮度调整

利用 Photoshop 的"色阶"命令,可以调整图片的亮度。打开一张亮度偏暗的商品图片,执行"图像"→"调整"→"色阶"命令,在打开的"色阶"对话框通过图 4-2-7 中的 3 个三角形滑块进行亮度调整。

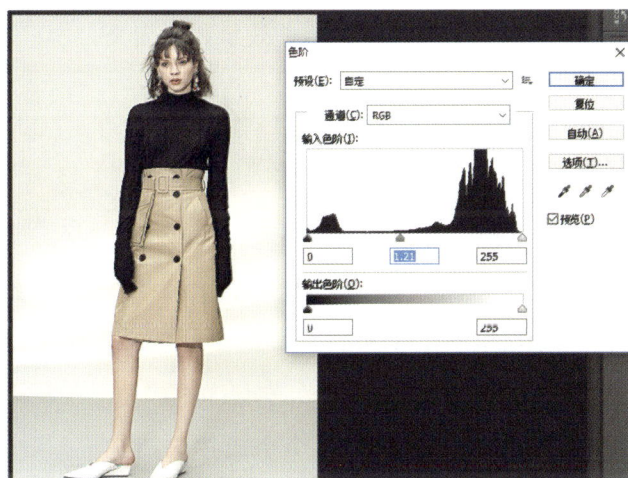

图 4-2-7　利用"色阶"命令调整亮度

4. 清晰度调整

打开一张模糊的图片,执行"滤镜"→"锐化"→"USM 锐化"命令,在打开的"USM 锐化"对话框,调整锐化参数"数量""半径""阈值"。"数量"与图片尺寸有关,调整至合适的清晰度后点击"确定"按钮即可。利用"USM 锐化"工具调整清晰度,如图 4-2-8 所示。

图 4-2-8　利用"USM 锐化"工具调整清晰度

第三节　图片处理常用小技巧

图像在网店中起着举足轻重的作用,无论是自己拍摄的照片还是在免费的摄影网站上下载的照片,通过一些简单的设定,运用一些小技巧,就可以实现非常棒的摄影后期效果。下面介绍几种常用小技巧。

一、原 创 手 绘 设 计

如果在宝贝描述中,放一幅产品的素描手绘图(如图 4-3-1 所示),给买家一种原创设计的感觉,是不是非常有意思?下面我们以一张办公椅为例讲解一下制作步骤。

步骤 1:打开办公椅原图。

步骤 2:执行"图像"→"调整"→"去色"命令或按快捷键"Ctrl+Shift+U",如图 4-3-2 所示。

步骤 3:按快捷键"Ctrl+J"复制创建"图层 1",执行"图像"→"调整"→"反相"命令或按快捷键"Ctrl+I",反相显示,如图 4-3-3、图 4-3-4 所示。

图 4-3-1　素描手绘图

图 4-3-2　去色

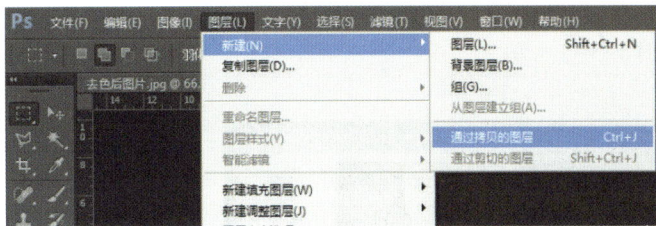

图 4-3-3　拷贝图层　　　　　　　　　　　　　图 4-3-4　反相

　　步骤4：选中"图层1"，将图层混合模式改为"颜色减淡"，这时图片画布全部为白色，如图 4-3-5 所示。

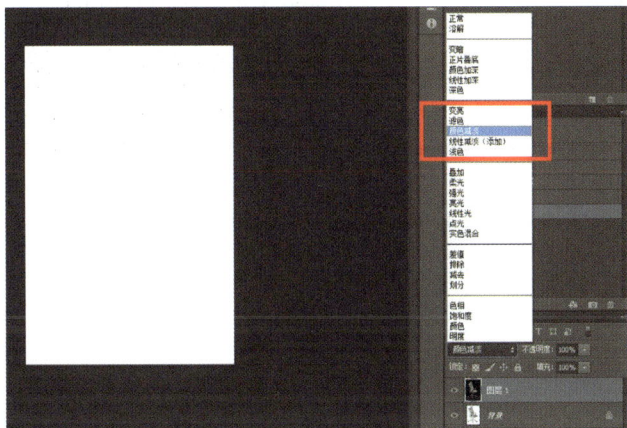

图 4-3-5　颜色减淡

　　步骤5：执行"滤镜"→"其它"→"最小值"命令，如图 4-3-6 所示。

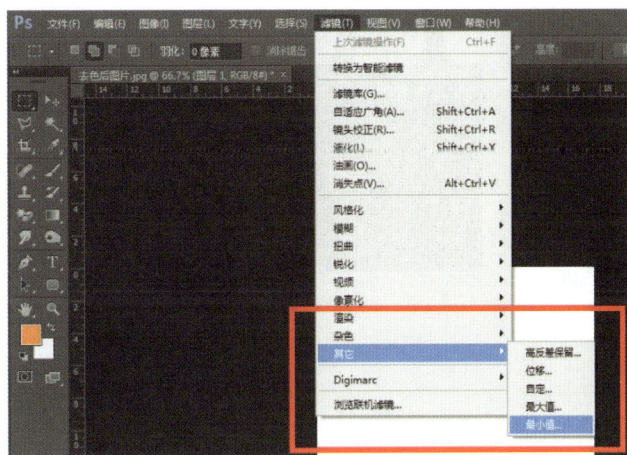

图 4-3-6　滤镜最小值

步骤6：调整最小值，观察图片效果，效果合适后单击"确定"按钮，然后保存图片即可。在"半径"输入框中输入"1"，效果如图4-3-7所示。

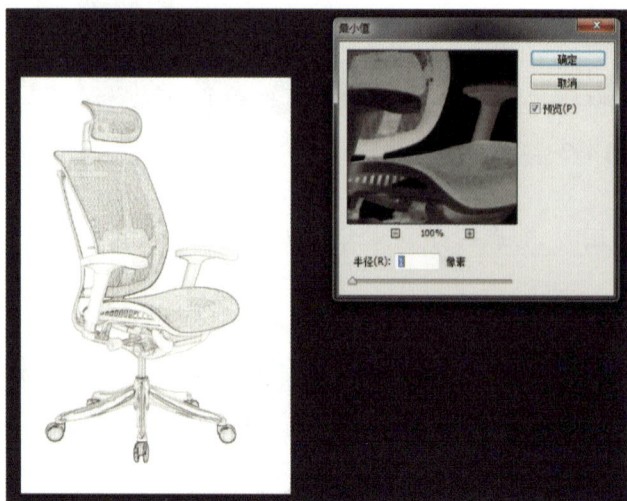

图4-3-7　最小值调整

二、产品倒影效果

以平面物体产品倒影的制作为例。

步骤1：打开一张图片，并复制图层，在新建的图层上进行抠图处理，如图4-3-8所示。

图4-3-8　复制图层

步骤2：对抠图完成的图层进行垂直翻转，如图4-3-9所示。

图 4-3-9　垂直翻转

步骤 3：显示被隐藏图层，并将翻转的图层移至合适的位置，如图 4-3-10 所示。

图 4-3-10　显示隐藏图层

步骤 4：选中"背景 拷贝"，单击"图层"面板下方的"添加图层蒙版"按钮，建立一个图层蒙版，如图 4-3-11 所示。

步骤 5：点击"渐变工具"，把渐变的颜色由"黑白渐变"调至"黑白对比"，如图 4-3-12 所示。

步骤 6：选择"线性渐变"，为了保持投影水平，需要按住 Shift 键拖动鼠标，进行渐变填充，最终效果如图 4-3-13 所示。

图 4-3-11　新建图层蒙版

图 4-3-12　设置渐变

图 4-3-13　效果图

三、GIF 动画

步骤1：拍摄5个不同角度的鞋子照片，并处理为500px×500px的白底图。

步骤2：打开 Photoshop 软件，打开第一张图片，并依次导入剩余4张图片，如图4-3-14所示。

图 4-3-14　导入图片

步骤3：执行"窗口"→"时间轴"命令，如图4-3-15所示。

步骤4：切换到"360动画"文件窗口，单击"图层"面板下方的"创建新图层"按钮，创建4个新图层（如图4-3-16所示），将打开的文档图全部复制至该文档中。

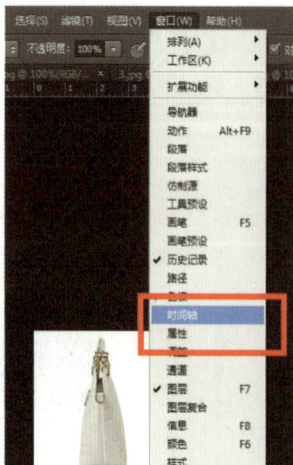

图 4-3-15　执行"时间轴"命令

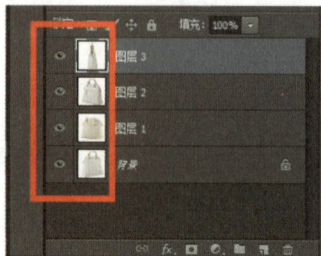

图 4-3-16　创建4个新图层

步骤5：执行"窗口"→"时间轴"命令，如图4-3-17所示。

步骤6：依次将5张图片设置为"图层不可见"，如图4-3-18所示。

图4-3-17 执行"时间轴"命令

图4-3-18 图层不可见

步骤7：单击"动画帧"面板下方的"复制所选帧"按钮，创建4个帧。

步骤8：单击选中第一帧，设置第一张图片为"图层可见"状态，其他图层依旧为不可见状态，如图4-3-19所示。

图4-3-19 图层可见

步骤9：设置完成后，可以通过帧面板上的缩略图观察每帧图片角度是否正确，然后单击"播放动画"按钮，播放并查看效果，根据情况可以调整每帧停留时间。之后，单击帧编辑面板左下角"永远"右边的小三角，根据情况设置动画播放次数。

步骤10：当查看效果并觉得满意后，单击"停止动画"按钮，停止播放。然后执行"文件"→"存储为Web所用格式"命令，保存动画，如图4-3-20所示。查看文件大小，文件大小最好不超过500k，图片越小在网页中打开的速度会越快。

图 4-3-20　存储为 Web 所用格式

四、裁剪最佳位置

步骤1：打开衬衫和图标的图片，复制图标图片到衬衫图片上，按快捷键"Ctrl+T"，将图标的大小变形到与衬衫的尺寸合适，如图4-3-21所示。

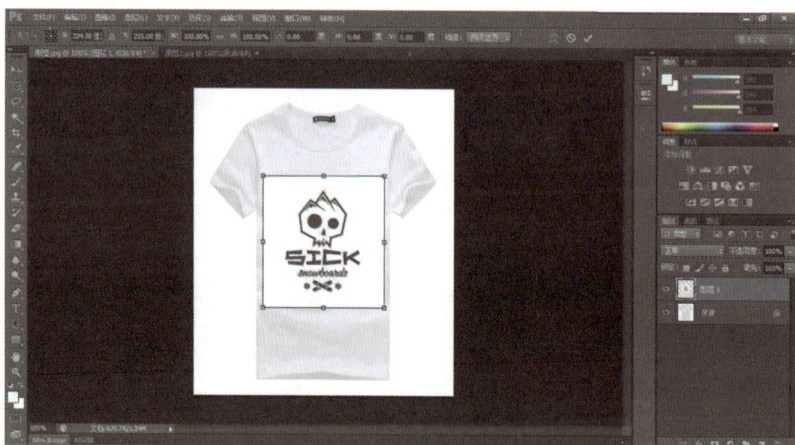

图 4-3-21　调整图标大小

步骤2：选择图标的图层，设置图层混合模式为"正片叠底"，图标图片的白底就没有了，如图4-3-22所示。

图 4-3-22 设置图层混合模式

步骤 3：调整位置合适后，按 Enter 键确认变形。用橡皮擦工具，对图标上多余的地方进行擦除，最后保存图片。

第五章

文案设计

第一节 字体的选择和设计

字体是有性格的,我们常用"字如其人"来形容一个人的字迹,也就是说一个人的性格会投射到文字上。而字体正是文字的性格,是文字表意功能之上的美学体现。优秀的字体早在读者理解句意之前就通过字形与笔画风格将情感传达给读者了,所谓"未成曲调先有情",传情达意正是字体设计的意义所在。

千人千面,每个人的性格都不尽相同,字体也是如此。蔡邕的《笔论》中写道:"若虫食木叶,若利剑长戈,若强弓硬矢,若水火,若云雾,若日月。"

一、字体选择

1. 宋体类

(1)方正大标宋。

宋体本身具备端庄优雅的特性,字形纤细,若作为主标题文字,分量感不足。方正大标宋不但继承了宋体的优雅特性,而且具备黑体的突出醒目性。因此,方正大标宋经常用于女性产品、化妆品、清新文艺品等类目的主标题,如图5-1-1所示。

图5-1-1　方正大标宋做主标题字体案例

（2）方正清刻本悦宋简体。

这款字体粗细介于宋体与方正大标宋之间，并且顿挫有力，轮廓非常清晰，适合表现设计的清新与文艺范。方正清刻本悦宋简体案例，如图5-1-2所示。

图5-1-2　方正清刻本悦宋简体案例

（3）类似宋体的英文字体——Didot。

做设计的时候经常会适当添加一些英文，作为主体文字的陪衬或版式的填充。而Didot这款字体类似于宋体，也具有明显的粗细对比，能够像宋体一样体现产品优雅的气质。Didot案例，如图5-1-3所示。

图 5-1-3　Didot 案例

2. 黑体类

（1）方正兰亭粗黑。

方正兰亭粗黑具有很强的宣传性，给人一种很强的分量感。活动类的文案想要突出主题，基本上都可以使用该字体。如男性产品类目、运动户外产品类目、家电电器产品类目、IT业产品等都比较适合。

方正兰亭粗黑做标题案例，如图 5-1-4 所示。图 5-1-4 中，一张是商场促销海报，另一张是游戏海报，它们都采用了方正兰亭粗黑做标题字体，这使整个画面看起来更加醒目、更加有力，增加了画面的气氛。除了方正兰亭粗黑，还有几款更有力量的黑体，如蒙纳超刚黑体、造字工房版黑、造字工房劲黑、汉仪菱心体等。

图 5-1-4　方正兰亭粗黑案例

（2）方正兰亭超细黑简体。

这款字体的应用，最容易让人联想到智能科技型产品（如手机、路由器、网络产品等），该字体能够很好地体现其科技感。因为在扁平化中要求化繁为简，这款字体抛弃烦琐的笔画和转折，采用最精简的单线描述，能够和扁平化设计做出呼应，所以科技产品、智能行业会采用单线文字。

另外,方正兰亭超细黑简体和宋体一样,线条都比较纤细,能够很好地体现女性特征,因此用于女性产品类、化妆品类,甚至比宋体表现得更加柔美。这款字体用来表现男性产品的话,要运用版式对比,否则表现不出男性气质。这款字体还经常用于高端产品、奢侈品、国际大品牌等。因为大品牌的设计多数会采用留白的效果,注重打造品牌形象,一般不会采用具有促销感的粗黑体,采用超细体反而会给人带来更多的遐想。方正兰亭超细黑简体案例,如图5-1-5所示。

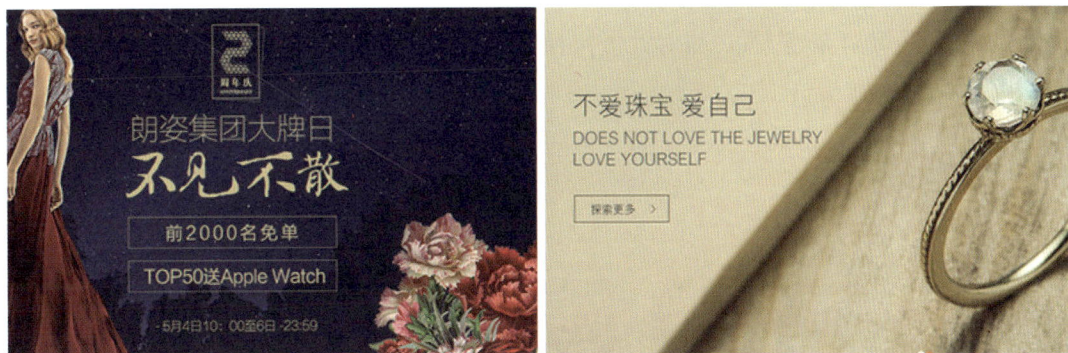

图5-1-5　方正兰亭超细黑简体案例

3. 书法类

以叶根友毛笔行书为例。

书法是中国特有的艺术,看到书法就会联想到中国的传统文化,书法体用于传统家具类、茶叶类、文玩类等产品都是比较适合的。

如今,越来越多的行业使用书法体,如化妆品、食品、电器等类目。宋体过于文艺,黑体带有促销感,而书法体介于两者之间,既具有突出的醒目性,又具有非常强的艺术性。叶根友毛笔行书案例,如图5-1-6所示。

图5-1-6　叶根友毛笔行书案例

二、视觉营销下的字体设计

1. 空间

所谓空间设计就是合理地布局文案并突出重点。在对的位置里，遇见对的文案。空间的布局（如图5-1-7所示），常见的有三种：①中心分布，即以文字为主要内容，或与图相关联，画面稳定；②左右/上下分布，是大部分banner常用的分布形式，容易平衡版式，内容文案区别对应性强；③对角线分布，相对以上两种更有视觉冲击力，不呆板，一般文案为辅助说明，以展示产品细节为主。

图 5-1-7 空间的布局

在合理地布局文案的同时，还要突出空间强调的重点，如图5-1-8所示。

产品优先：产品为重点，文案为辅助（图中文案属于册集说明）。

文案优先：以"精英"文案为主体，以鹰来表现，增强画面感，属于物体服务文案。

重点交错：图中文案与类似钢材材质相结合，表现出宣传重点。

图 5-1-8 空间的重点

2. 对比

在确定文案的空间后,让文案本身的字体产生差异,形成对比。有对比,才有视觉冲击力。如图5-1-9所示。

图5-1-9　文案对比

大小对比:最明显,最常用,也最容易产生效果,几乎大部分文字排版都使用这种方法来突出主次。

粗细对比:类似于疏密、深浅,错落有致,从而产生视觉重心。

字形对比:相对以上两种更加自由多样,最普通的为衬线体与非衬线体的对比,甚至还可以进行字体设计,加入图形元素等。

3. 修饰

通过各种加法、减法、乘法进行修饰,可以为单调的文字加上一些细腻的细节。

(1)修饰上的加法:在基础文案上添加元素,加强重点,平衡版式,如图5-1-10所示。

图5-1-10　修饰上的加法

加面:以面状出现在文案字体中,一般作用于重点文案,或者需要吸引点击的按钮和框选区分内容。

加线：修饰文字，引导文字，整理文字，平衡画面等。

加点：可以跟主体搭配，充盈画面。

（2）修饰上的减法：在文案的表现形式上做出裁剪、隐藏或者镂空效果，如图5-1-11所示。

边缘裁剪：扩大空间感，在一些日式设计中，有时会故意放大字体到边缘撑住版面。

口袋式隐藏：在看得懂的前提下隐藏文字的一部分，修饰文字的同时还能引发想象。

镂空：除可以强调重点文案或主体外，还可以叠加肌理、材质效果于镂空部分。

图5-1-11　修饰上的减法

（3）修饰上的乘法：通过交集产生特殊效果，如图5-1-12所示。

与主体/背景交错：交错式，更有前后空间感，与图片主题内容上有更多交互。

字叠加/错落：突破呆板的横竖直排方法，更悦目。

合二为一：技术上要求比较高，主体物和文案相融合，表达更为直接。

图5-1-12　修饰上的乘法

第二节 文案设计:好品牌从文案开始

一、什么是电商商品文案

电商的商品文案,是将文案存放于网络页面,以文字或声音的形态呈现于电脑屏幕上的一种商品诉求。与传统的电视广告文案、报刊商品文案区别不是特别大,唯一的区别在于受众上。电商更多考虑的是习惯网络购物或者网络浏览的人群这块。而在网上购物能激发买家购物欲的除了图片便是文案,一个好文案对于网店的经营是至关重要的,具有说服力和引诱力的文案将极大提高店铺流量的转化率。但也不能简单把文案理解为仅仅服务于产品促销,更为重要的是,它传递着一种品牌精神和文化。能深入细致地结合本身公司产品的企业文化内涵,充分调动受众购物欲,同时展现自身的品牌文化,这样的文案才是优秀的文案。

二、做好文案的关键

想写出好的产品文案,最关键的到底是什么?

1. 破解"知识的诅咒"

写文案最重要的知识点,肯定是"知识的诅咒",它是文案沟通中最大的障碍。

什么是"知识的诅咒"? 就是当自己获得某种知识之后,便无法想象没有这种知识是怎样的状况。比如家长,都知道陪孩子写作业是多么痛苦的一件事情。明明是"8+3=11"这么简单的一道算术题,但孩子偏偏就教不会,于是家长暴跳如雷,甚至开始怀疑人生。之所以出现这种情况,就是因为"知识的诅咒"——家长已经知道"8+3=11",所以他便不能想象,为什么孩子偏偏学不会这么简单的知识。或者有些女孩子,不明白男朋友为什么分不出不同口红之间的颜色区别,这也是因为"知识的诅咒":女孩子已经掌握了分辨口红色号的知识,所以她便再也不能体会,为什么有人竟然分辨不出口红如此"明显"的区别。

再来看文案。产品卖家和普通消费者之间,也存在这样一个"知识的诅咒"。由于卖家有着丰富的产品知识和行业知识,所以很可能卖家所认为的"常识",却是消费者的"难题"。这个时候,就需要有意识地打破这个"知识的诅咒"。

2. 具象化的语言

具象化的语言,是传达信息最有力的一种方式。比如"超大内存MP3",就远远不如"将1000首歌装进口袋"这样的具象表达有力度。农夫山泉"我们不生产水,我们只是大自然的搬运工",也是将"天然矿泉水"的利益点十分具象地表达出来(大自然的搬运工)。那么什么才是具象化的语言呢?

我们可以做一个比较说明:形容一个美女。可能很多人会说漂亮、超美,可是这样的形容词即使说一百遍,听的人也不知道这个女孩到底有多漂亮。我们来看一下金庸先生是怎么形容香香公主的。

那少女头发上、脸上、手上、衣上都是淡淡的阳光。清军官兵数万对眼光凝望着那少女出神,每个人的心忽然都剧烈跳动起来,不论军官兵士,都沉醉在这绝世丽容的光照之下。两军数万人马剑拔弩张,本来血战一触即发,突然之间,便似中邪昏迷一般,人人都呆住了。只听得当啷一声,一名清兵手中长矛掉在地下,接着,无数长矛都掉下地来,弓箭手的弓矢也收了回来。军官们忘了喝止,望着两人的背影渐渐远去。

金庸先生并没有直接去形容香香公主的美貌,而是通过"让准备血战的士兵停下来"这个具象的场景,来说明香香公主美貌的惊人程度。

"具象化"语言在用词上,要尽量多用名词和动词,而不用形容词,因为就传达力而言,名词、动词远远好过形容词。文案大师保罗·西尔弗曼在《创意之道》中说:"动词传递图像的速度总是比形容词快。对比这两句话,一切就一目了然:(1)纸上的一个锋利的、参差不齐的口子是被刀划出来的。(2)刀划破了纸。"很显然,"刀划破了纸"在传递信息和图像方面,更快速并且有力。

3. 窄告:聚焦于典型顾客

多年之前,看到过地产文案大佬杨海华的一段话:"中国现在的广告必须做成窄告,才有价值。对应的这个人群他全明白,其他人都不明白,这种信息不对称就叫广告,如果说,在中国全做成大家有共识的广告,几乎没用。"杨海华所说的"窄告",通俗地讲其实就是"精准",用精准的语言,去向精准的目标传达。

群体不同,使用的语言也必然不同。城市白领和企业 CEO 的语言,必定不同;刚毕业的大学生和40岁以上职场老手,所使用的语言也必然不同。所以,想要说服某一人群时,我们要在确定了目标消费者的基础上,精准使用这个人群的语言,而不必考虑这个人群之外的人是不是能看懂。

写文案时,一定要自始至终面对目标用户,使用他们能听懂的语言,运用他们喜欢的元素,至于目标用户之外的人能不能听懂,就不是我们需要考虑的事情了。这和推销员销售产品的逻辑是一样的,推销员只需要关心面前这个意向客户,并不需要关心其他人是否听懂他的推销话术。另外,我们在写作文案时还要知道,我们的沟通对象是一个"活生生的人",而不是一个虚幻的群体。只有将沟通对象当成一个活生生的人,才能找到所谓的"洞察",去打动他或她。所以在写作文案时,我们还可以根据目标人群特点,虚拟出一个有血有肉的人物,然后使用文字向这个人销售你的产品。

三、如何策划好的文案

如今只有文字的产品文案已经无法打动消费者了,消费者需要的是图文结合,甚至可以说是文字越少产品效果越好。如果能让一个产品文案通过图文结合的方式,甚至再加入一点网页元素具备更强的视觉冲击力,那么该产品文案就能引导客户更好地理解和接受产品。一个好的产品文案,可以提高转化率,减少客户咨询的时间成本,优化用户体验,增加品牌美誉度。

好的文案一句话就够了。好的文案往往都可以兼顾产品的卖点、用户的需求,并用一种客户喜欢的方式表达出来。江小白的文案,如图5-2-1所示。

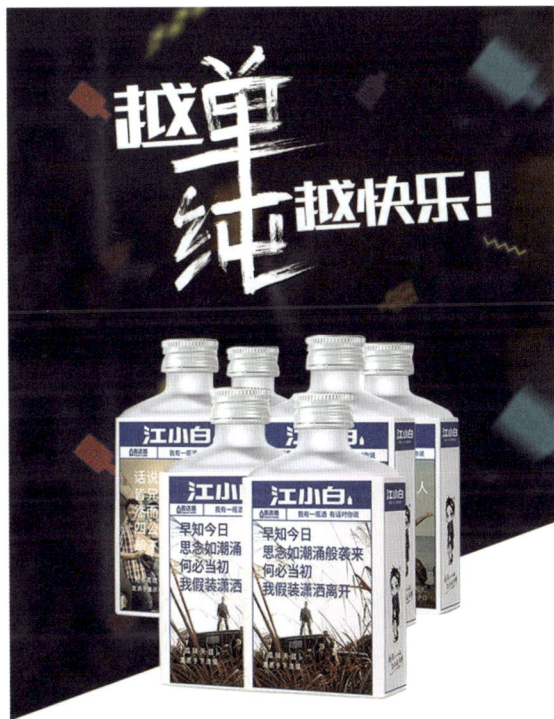

图5-2-1　江小白的文案

1. 抓产品的卖点

产品的卖点可以通过产品的说明书、产品某方面的特性来提炼,也可以通过文案策划来获得。比如遥控飞机可以控制悬停、男装百分之百纯棉、智能手机"双网双待"等,这些都是产品的卖点。产品限时促销、搭配赠送经过策划也同样可以作为卖点来吸引消费者。用户的需求就是"消费者的一种期望",而这种期望一定是针对消费者日常行为中某种存在的问题。

我们的产品文案应该致力于如何确实解决消费者面临的问题,而最终的解决方案应既可以说服消费者,又不用增加消费者过多的负担,这样的产品文案对客户才有足够的吸引力。文案的表达方式首先应该保证逻辑通顺,其次要简洁生动地表达出产品最核心的部分,以强大的视觉冲击力勾住客户,吸引其继续往下看并且最终购买产品。应该通过文案的表达告诉客户拥有我们的产品之后,他可以做什么,而不是你有什么。

2. 知用户的需求

产品的存在源于用户的需求。如汽车的出现,源于人们对于更高交通效率的需求;电脑的出现,源于人们对高效办公的需求等。观察移动互联网时代下的手机应用市场,各类产品的出现也正是源于人们越来越多、越来越复杂的需求。如滴滴打车满足了人们叫车方便的需求,饿了么满足了人们选择订餐的需求等。产品被生产出来,其主要目的就是满足使用者的需求。而使用者的需求是什么,如何去挖掘这些需求,这些繁杂的需求中又有哪些是真、哪些是假等,都是令产品卖家头疼的问题。通过合理的调查知晓用户需求对产品的销售至关重要。

3. 用正确方式表达

文案和广告一样,是推销术的一种,它的基本原则就是推销术的基本原则。一个推销员的失误并不会带来太大的损失,而一则文案失误造成的损失可能是巨大的。试想一则凌乱的内页文案,会让人觉得缺乏逻辑性,进而没有兴趣读下去。因此,做文案要小心,要精确。同样,一个平庸的推销员只会影响到你的部分生意,但一则平庸的文案却会影响到你的全部生意。做文案要研究消费心理学、市场营销学、传播学、经济学等,绝不是粗浅功夫。产品文案应该怎么写,应该包括哪几个部分,应该采取哪些说服手法等,这些值得好好探究。

第三节　字体的使用

一、什么是字体

自从人们开始用文字记录发生在身边的事情之后,世界便有了字体。最开始,字体就是人手写出来的文字的样子,不同的人写出来的字都是不同的,我们可以将其简单地理解为不同的字体风格。

随着时代的发展,字体的样式越来越多,在主要用字母来表达的西方国家,人们根据字母的特点把文字分成了两大类,一类叫有衬线体(Serif),另一类叫无衬线体(Sans Serif)。这种分类方法被大家认同并沿用,同样也适用于中文字体。

电商需要根据不同的使用环境选择不同的字体。目前,大部分字体是由字体设计公司设计的,常用的品牌有:方正字库、造字工房、华康字型、文鼎字库、汉仪字库以及以书法见长的叶根友字体。

这些字体设计公司设计的字体都拥有独立的知识产权,大家在使用的时候一定要注意是否获取了字体设计公司的授权,未经授权使用会造成侵权,需要承担相应的法律责任。当然,对于电商的中小卖家,字体设计公司专门推出了面对电商的字体授权价格,不再让我们的设计因为字体而有缺憾。

当然我们的电脑中也存在一些可以免费使用的字体,比如大家常见的"宋体""黑体""楷体"等,这些字体大家是可以放心使用的。

二、字体的使用

在海报的整体设计当中,字体设计是功不可没的。好的字体设计不仅能增强海报的观赏性,更能烘托整个海报场景的氛围。根据客户的购买动机,可以从文字的形态特征、排列方式等设计出个性字体,让画面更加出彩、丰富。下面介绍不同购买动机客户对文案文字的要求。

1. 追求实惠的购买动机

家庭主妇、年纪比较大的人等在购买一些家庭日用品、实用性很强的商品时,会重点关注商品的性价比,需要经济实惠。

文案设计侧重点:加量不加价、量大从优、优惠活动仅此一次,要让消费者觉得现在最实惠,把消费者的购买动机激发出来。追求实惠的购买动机案例,如图5-3-1所示。

图5-3-1　追求实惠的购买动机案例

2. 追求新奇有个性的购买动机

这类消费者一般以追求时尚的青年为主,他们要的是潮流、新奇,要的是标新立异、与众不同,对商品的价格、真正使用程度等关注不多,所以个性化的产品描述是关键。

文案设计侧重点:独一无二、新款式、彰显个性、只有××件。文案侧重独一无二案例,如

图5-3-2所示。文案侧重新款案例,如图5-3-3所示。

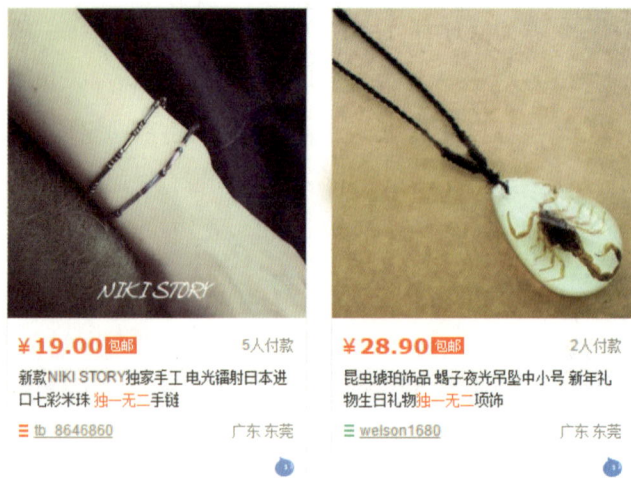

图5-3-2 文案侧重独一无二案例

图5-3-3 文案侧重新款案例

3. 追求便利性的购买动机

这类消费者追求整个购买流程的便捷性,希望省时省力,尽可能简单、快速地完成交易过程。这类顾客希望能在一家店铺购齐所有的商品,实现"一站式"购物。

文案设计侧重点:免费上门安装、快速发货、一对一客服指导安装。文案侧重追求便利性的购买动机案例,如图5-3-4所示。

图 5-3-4　追求便利性的购买动机案例

4. 追求美的购买动机

这类消费者以女性居多,有浪漫情怀,关注精神生活,喜欢美化环境,关注色彩造型等。

文案设计侧重点:场景带入式的图片设计、文案设计,更能吸引客户,让客户有置身其中的感觉。追求美的购买动机案例,如图5-3-5所示。

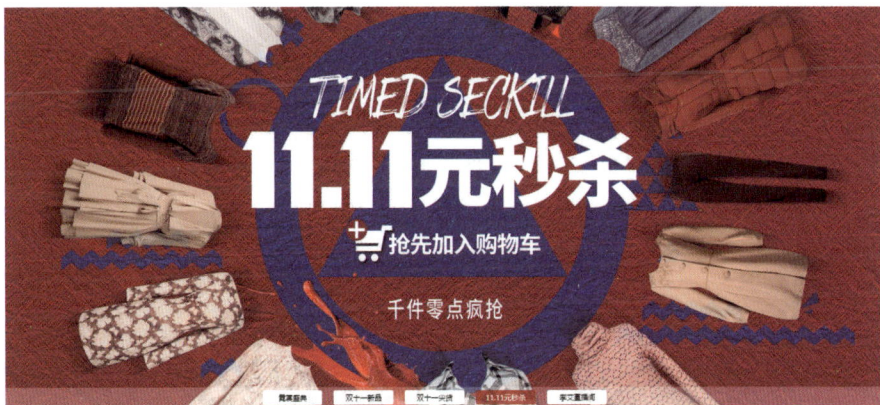

图 5-3-5　追求美的购买动机案例

5. 追求尊贵的购买动机

这类消费者追求名牌,追求高档的商品,借此彰显自己的身份、地位。

文案设计侧重点:主要集中在高收入阶层,他们对品质、身份地位、彰显尊贵、手工原工原创等元素是很关注的。追求尊贵的购买动机案例,如图5-3-6所示。

图 5-3-6　追求尊贵的购买动机案例

6. 追求从众的购买动机

这类消费者在互联网上体现得非常明显,正是因为有了这部分消费者,淘宝卖家才会非常关注爆款。

文案设计侧重点:①对崇拜性从众消费者,文案描述可以是××同款,然后把同款的场合展现出来即可;②还有一些刺激大众跟随的文案,比如,全网热销××件,连续三年全网销量第一,××人的选择,等等。追求从众的购买动机案例,如图 5-3-7 所示。

图 5-3-7　追求从众的购买动机案例

7. 好奇购买动机

每个人都有好奇心,有时候在好奇心的作用下,消费者也会购买。

8. 习惯性购买动机

这类消费者购买的产品都是相对标准的重复性消费品,比如狗粮、奶粉、大米等。一旦熟悉了某个店铺、某个品牌,他们就会习惯性地再次购买。习惯性购买动机案例,如图5-3-8所示。

图5-3-8 习惯性购买动机案例

第四节 文案设计:品牌文案

一、品牌文案的内容

所谓细节决定成败,不少品牌都是靠出色的文案获得了高转化率和响亮的知名度。可以说,文案与得好等于品牌营销成功了一半。而关于品牌推广文案,我们首先要了解品牌文案包含的内容。

1. 品牌名称

一个品牌需要一个名称,品牌名称是品牌与受众的第一接触点。它是这个品牌独特的名称和专用名词,是一个品牌的个性专属,可以区别于其他同类和竞争者,也可以在搜索上占据一个优势地位,使得没有人跟你争。只要将这个名称植入受众的头脑和心智,一搜索就可以找到你。

好的品牌名称,要简单、易记、有故事。可以是一个字,也可以是一组有意义的词。

2. 品牌标识

图像标识，从图像上区别于其他品牌，从视觉上让受众感受品牌特征，加深对品牌的印象。

3. 品牌信条

它可以是一个理念、使命、口号、广告语，还可以是一个定位。

品牌信条通常是简洁、洗练的，同时能明确表达品牌主张的观点和价值观，是用来拉近和说服受众的一种独特的概念。信条可以随着你的市场和受众不断地变化，但始终要符合品牌的核心价值观和准则。

4. 品牌受众

品牌受众，也就是品牌定位的服务对象。

5. 品牌故事

再平凡的产品都有一个故事，再微不足道的创业者或企业都有一个梦想！一个品牌需要受众传唱，怎么能没有故事呢？

为品牌讲一个故事，不管是关于产品、创始人、客户方面的内容，还是其他跟品牌的价值、精神有关的内容，都可能让受众为你的品牌做话题、口碑和传播。讲故事的方式，不仅局限于文字、图片、音频、视频，还可以将这些方式组合起来，以达到最佳效果。讲故事不只是讲，更重要的是践行，使品牌为受众、社会创造价值，履行对品牌服务的承诺。

二、品牌文案怎样突出品牌感

日常生活中，语言对我们来说就很重要，广告中更是如此。在广告中文案就是语言。好的文案不仅能够让人印象深刻，更能达成广告的最终目的——销售。

那么，怎样的文案才算是最好的品牌文案呢？一方面，要具备文艺范的用户思维，即让用户能够看下去；另一方面，要具备商业化的品牌思维，即能够表达出品牌需要传递的信息。

1. 凸显品牌文化

如果你的文案在讲一个品牌，那么你一定要把品牌文化讲深刻，讲清楚，讲透彻。只有做到了这些，你的品牌内涵才会一目了然，你的品牌的文化本质才会体现出来。

2. 提炼产品特色

在文案当中，你不必直接表达产品有多好，你只要把产品的各种特色写出来，你的文案就会有说服力与吸引力。

(1)结合重要事件。

在公司的发展过程中，在产品的不断升级中，一定有很多重要的事件，这些事件都是非常吸引顾客的，你的文案一定不能少了这方面的内容。

（2）分析关键数据。

在文案内容上,一定要展示很多的关键数据,通过这种方式让文案的公信力更高,让文案更能表现出品牌的特质。

（3）拓展发展空间。

对于品牌的未来也要进行重点描述,把品牌的美好前景展现出来,让顾客认可品牌,一起为品牌的发展而努力。

（4）思考多个角度。

文案表现品牌不能从一个角度,而必须从多个角度来表现品牌的各个方面,从而让顾客更了解品牌,这样也更能展现品牌的魅力。

三、优秀文案赏析

说到优秀文案,就不得不说最近很火的一款酒——江小白。江小白的成功,其走心文案功不可没。那么我们可以再深入思考一下,为什么江小白的走心文案传播得如此广泛呢?

我们先看几张江小白的经典海报,如图5-4-1和图5-4-2所示。

图5-4-1　江小白经典文案1

图5-4-2 江小白经典文案2

从江小白的海报文案中（如图5-4-3），我们可以提取几个关键词：感性、文艺、青春、爱情、异乡打拼等。

图5-4-3 江小白经典文案3

　　大概从2013年上映的《致我们终将逝去的青春》开始，青春回忆式的电影开始走红，此后《匆匆那年》《同桌的你》《我们的少女时代》等纷纷出现。

　　正是在这种大环境下，江小白准确定位目标用户：20—30岁的年轻人，以男性为主，感性，独自打拼，收入普遍不太高等。正是因为抓住了时代和人群的需求，所以江小白一举成功。

　　除此之外，也可从产品功能方面挖掘利益点，比如，oppo的广告（如图5-4-4所示），"充电5分钟，通话2小时"就是一个典型的功能性利益点——从功能来说明手机的充电技术更加强大；脑白金的广告（见图5-4-5），"今年过节不收礼，收礼还收脑白金"也是功能性利益点，"送礼"是从脑白金的礼品属性衍生出的利益点。这些案例都说明了好的文案的作用。

充电5分钟，通话2小时

图5-4-4　oppo的广告

图5-4-5　脑白金的广告

第六章

主图与详情

第一节　产品主图设计

一、主图策划

商品主图,即买家搜索得到结果后首先看到的图片,以及左侧的四张图片和视频文件(动态视频主图),或者是商品详情页第一屏左侧商品图的第一个位置的图片,如图6-1-1所示。

图6-1-1　主图的位置

如何做出高点击率的主图?

首先,差异化,主图要有自己的特色。

其次,主图要与主推关键词紧密相关,主图要能表达你最想体现的卖点。主图一定要清晰可见,背景简约,不放过多无用的信息,背景更不能比宝贝突出。

再次,策划主图,通过调查更多的评论,分析出买家需求点,对症下药。同质的产品,可以通过分析同质商品高销量的商家主图,得出买家的关心点。非同质产品,要突出自己产品的个性,放大自己的卖点。中后期通过分析评论发掘问题,进一步优化主图,可以通过换主图的方式来发掘哪张潜力大。

最后,主图更换时间最好选择午夜零点左右。一方面,方便数据对比;另一方面,对搜索权重影响较小。必须从实际出发,实事求是,严把质量,用心去发掘客户需求。挂羊头卖狗肉的淘宝店铺肯定不长久。

主图策划可以分为四个步骤。

步骤1:确定主图版式。主图的版式主要分为左右排版、中心围绕、中心对称、上下排版四种方式,如图6-1-2所示。

| 左右排版 | 中心围绕 | 中心对称 | 上下排版 |

图6-1-2　主图版式

步骤2:确定主图配色方案。关于文字的用色不要超过三种,以两种或者单色为宜。分析同类产品卖家的主图配色方案。根据自己产品的颜色,选择同色系、邻近色、类似色、中差色、对比色等基础配色方案进行配色,通过明暗、冷暖、纯度、明度等和其他商家区分开来。

步骤3:确定文案排版方式。文案排版策划对图片美观起重要作用,主图的文案排版方式主要分为横式/竖式/横竖混排、倾斜式、文字变形式、框架式四种,如图6-1-3所示。

| 横式/竖式/横竖混排 | 倾斜式 |

文字变形式　　　　　　　　　　框架式

图6-1-3　文案排版

步骤4：主图细节特写与规划。

细节图片（如图6-1-4所示）是买家在购买商品时最关注的信息之一，按照"细节特写"规范发布的照片有助于买家全方位了解商品的信息，促进成交，降低售后纠纷，同时对店铺和宝贝的搜索权重也有促进作用。主图细节图片素材的具体规定如下。

（1）明确商品卖点。明确的商品服务信息、鲜明的商品主题、醒目的视觉效果以及准确的营销传达。

（2）产品图5张。正方形，尺寸为800mm×800mm，全部支持放大镜功能，大小不超过3M，像素建议70万。一般产品占整个画面的2/3左右（特殊作图效果除外），必要的时候可满版型设计。

（3）颜色区分。第一张主图颜色可与后面四张不同。

（4）设计细节展示。如商品的款式设计细节、做工细节、材质纹理细节、辅料细节等。

（5）拍摄效果。拍摄效果清晰，近距离拍摄，细节要素占图片的70%位置。

（6）其他。不允许在原来基础上进行剪切。

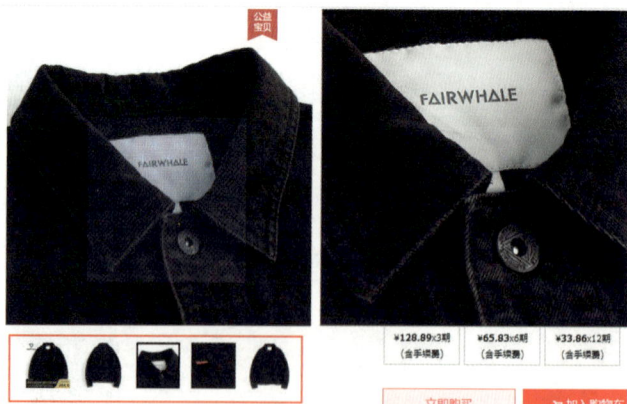

图6-1-4　细节图片

二、主图设计与制作

女装直通车主图案例制作。女装店以干净利落为体验要点,商品放置不需要多,主图背景简约大气但能突出商品本身,在打造清晰层次的同时构思分明,尤其注意区分商品属性与促销动态,不采用过度夸张的销售词语。

根据案例,可考虑用如下构图方式。

有故事的构图:可以通过模特展示图片,尽量选择有故事情节和视觉冲击力的图片做主图。

多角度构图:商品主图不应单纯只呈现商品的一面,模特的穿着搭配,或是标新立异的背景搭配,都能收到意想不到的效果。

前后景对比:衣服和背景的颜色要形成对比,注意背景色搭配。

细节信息:表现区别于其他产品在质量、材质、做工上的差别,所以画面上要体现的是做工细节和材质。

当然如果还是不清楚怎么构图,可以去参照优质的淘宝或者天猫店铺。分析和确定所要采取的构图方式之后,可以开始制作直通车主图。

步骤1:打开Photoshop软件,在图层中新建不同主图文件夹,并将相应主图的原图拖到文件夹中,如图6-1-5所示。

步骤2:调整色阶,如图6-1-6所示。以详情页侧栏主图为例,原图图片过白,产品为酒红色但并不明显,模特五官也较为模糊,所以需对图整体色阶进行调整。执行"图像"→"调整"→"色阶"命令,将"输入色阶"值调整为0.52。

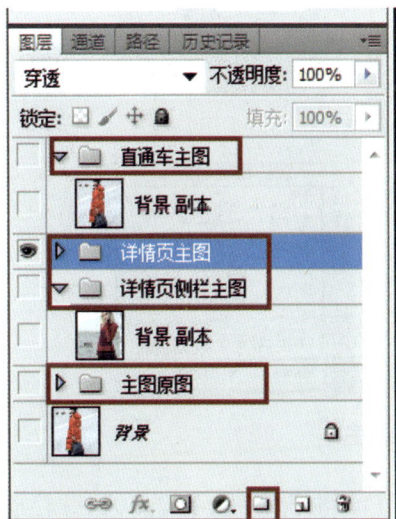

图 6-1-5　新建不同主图文件夹　　　　　图 6-1-6　调整色阶

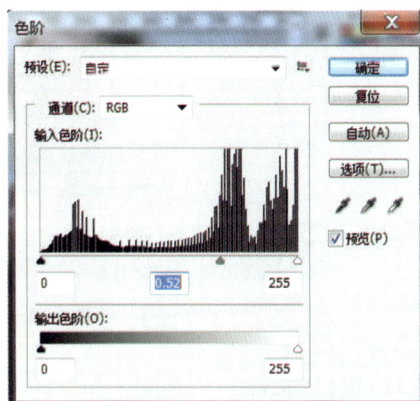

步骤3：背景羽化。调整完色阶后对产品背景边缘及背景进行羽化，在工具栏点击快速选择选区工具，右击并选择"羽化"（如图6-1-7所示），调整图片边缘。使用同样方法对直通车主图及详情页主图进行调整。

步骤4：调整大小。侧栏主图的大小为190px，所以需要在原图的基础上进行调整，设置"裁剪工具"的宽度和高度，完成裁剪，如图6-1-8所示。其他主图根据规定尺寸进行调整，方法相同，在此不一一列举。

图6-1-7　调用"羽化"命令

图6-1-8　裁剪

步骤5：添加文字。点击"文字工具"及"矩形工具"并输入相应的文字，在右侧属性栏中调整字体样式、大小、间距、颜色等，如图6-1-9所示。

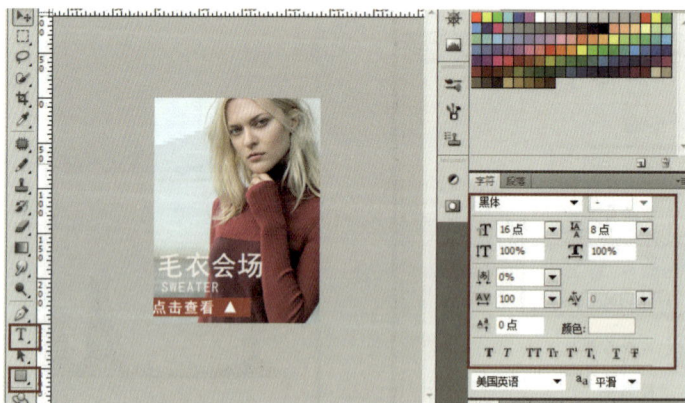

图6-1-9　添加文字

步骤六：执行"文件"→"存储为"命令，将调整好的图片保存为JPG格式，并存放在固定文件中，如图6-1-10所示。

图 6-1-10　保存图片

第二节　产品详情设计

一个好的详情页,是促进商品成交的重要因素之一。对于商品的详情页来说,图片信息是必不可少的,比如实拍图、细节图、展示图等。同时,可配以必要的文案信息,对产品的特点、性能予以准确精简的说明,好的文案无疑能锦上添花。

产品详情页是提高转化率的入口,它能激发顾客的消费欲望,树立顾客对店铺的信任感,打消顾客的消费疑虑,促使顾客下单,优化产品详情页对提高转化率有很大的提升作用。

分析每个产品前必须明确两件事情。首先,确定产品卖点。在确定产品卖点时一定要站在顾客的角度,力推符合产品消费群体的特点。其次,确定核心关键词。提炼每一个产品的亮点、卖点,但并不直接对卖点进行铺垫与宣传,而是对所有产品都提炼出一个最能囊括它个性的核心关键词。下面介绍5种详情页的设计及制作。

一、农产品详情页设计

根据农产品的特点,农产品详情页在设计时可以进行7个部分的展示(如图6-2-1所示)。分别是产品人群定位、产品价值及成分、产地实拍、产品生产过程、品级展示及产品信息、产地介绍、食品认证,从而更好地体现商品的卖点和亮点。

图6-2-1 农产品详情页架构

案例:洛川苹果。

农产品详情页品级展示及产品信息部分制作步骤如下。

步骤1:素材图美化处理。案例图中涉及的素材有三张,即产品的品级对比图、包装图、种植基地图,打开Photoshop将三张原始图拖动至编辑框,如图6-2-2所示。

图6-2-2 打开三张原始图

步骤2:在Photoshop中新建750px×290px画布,点击第一张素材图,在工具栏点击快速选择选区工具( ),选中产品轮廓,点击移动箭头( )将产品拖动到新建画布中,点击不同图层对其进行排序,如图6-2-3所示。

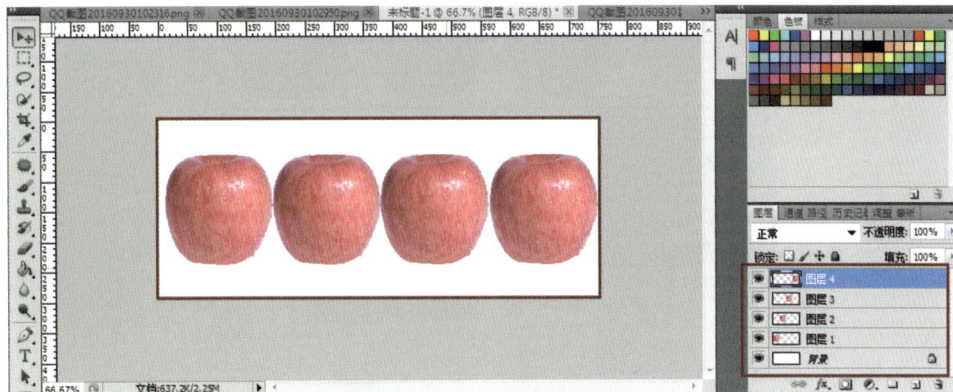

图6-2-3　排布苹果

步骤3:执行"视图"→"新建参考线"命令,打开"新建参考线"对话框(如图6-2-4所示),添加两条垂直线和五条水平线,在参考线内,选中图层1并按"Ctrl+T"键可调整图片大小,点击移动箭头可调整图片位置。按照此方法对其他三个图层做同样处理。最终效果如图6-2-5所示。

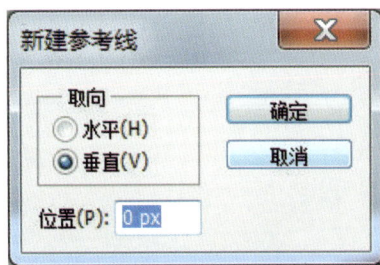

图6-2-4　新建参考线

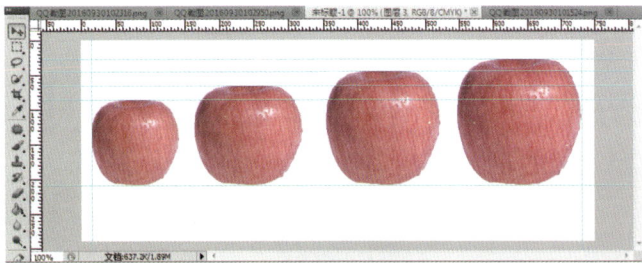

图6-2-5　调整图片大小和位置

步骤4:点击"画笔工具",选择"铅笔",并将前景色更改为黑色,在产品下方画上品级划分线,点击"文字工具",添加文字,如图6-2-6所示。

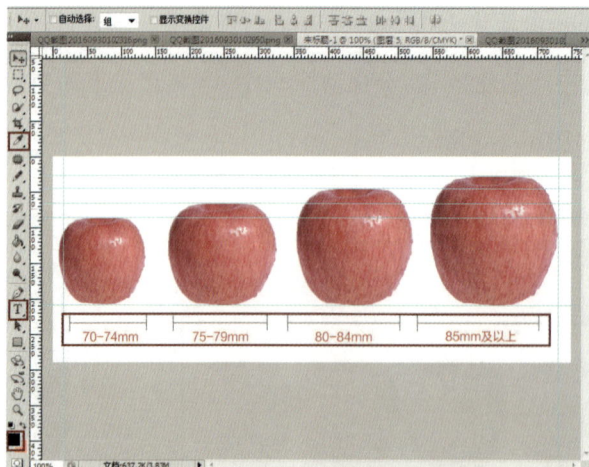

图6-2-6 加尺寸图

步骤5：点开包装图，复制图层，使用图像选框工具（ ⬚ ）选出需要的部分，执行"选择"→"反向"命令，反选需要修改的区域，使用油漆桶工具（ 🪣 ）将反选区域改为白色，如图6-2-7所示。

图6-2-7 将反选区域改为白色

步骤6：在 Photoshop 中新建750px×1400px画布，添加参考线，将制作好的素材图拖动到该画布的相应位置，输入对应位置的文字完成整个图片制作，进行保存。

二、服装类产品详情页设计

根据服装类产品的特性，首先，在详情页的首图或收藏店铺引导的最佳位置，可放置关联商品；其次，对该商品参数做一个简介，让客户对该商品的基本情况有一个大致了解；再次,进行该商品品牌特性展示与具有商品特色的模特展示;最后,对商品特点进行概括描述以文案+活动介绍方式呈现,对顾客关心的问题通过细节图、尺码说明和售卖资格证明等展示予以解答。

首图中有店铺收藏和该商品基本信息展示,首图展示了店铺内现在进行的活动,如满就减、新品上新等,用活动力度来吸引客户继续查看商品详情。与主打商品进行搭配的单品(或者店铺近期主打款)展示,以九宫格或十二宫格形式排列,不但能增加店铺其他品类的曝光度,也能给顾客更多的选择。如图6-2-8所示。

同时,主题与商品主图、商品标题相契合,真实地介绍商品属性,体现买家所在意的问题、同行的优缺点、自身产品的定位以及自身与众不同的卖点等内容,使用正确的颜色、字体,还有排版结构,如图6-2-9所示。

图6-2-8　详情首页图

图6-2-9　商品详情页产品展示

通过详情页,店铺可采用模特展示、规则构图、列表说明等方式对尺寸、面料、洗涤方法、色系等内容进行展示说明(如图6-2-10所示),还可以附上有关该商品的时尚资讯,比如某时尚杂志、某秀场热门等,传递时尚信息。如图6-2-11所示。

尺码信息
SIZE INFORMATION

尺码	肩宽	胸围	袖长	袖口	裙摆	裙长
38/M	38.5	93.5	48.0	20.6	100.5	93.5
40/L	39.5	98.5	48.5	21.6	105.5	93.5
42/XL	40.5	103.5	49.0	22.6	110.5	94.5
44/XXL	41.5	108.5	49.5	23.6	115.5	95.5
46/XXXL	42.5	113.5	49.5	24.6	115.5	95.5

温馨提示：尺寸均为手工平铺测量，因测量方式不同会产生误差（1-3CM），具体以实物为准，敬请谅解。

尺码参考表 <体重:斤 身高:cm>

身高\体重	85-95	95-115	115-125	125-135	135-145	145-155	155以上
155							
160		36/S码				46/XXXL码	
165			38/M码	40/L码		44/XXL码	
170				42/XL码			
175							

* 因个人比例不同，此尺码推荐表仅供参考！

图 6-2-10　详情页内容展示说明

模特展示
MODEL DISPLAY

图 6-2-11　详情页时尚信息

可通过FAB法则，以一种递进的方式加深买家对商品的黏度。先展示商品的布料、款式设计、细节处理，再介绍商品的特性，最后说明商品的用途。在构图时，应着重体现商品的优势与卖点，以及这些优势会给买家带来怎样体验和穿着感（因客而异），如图6-2-12所示。

贴合详情页的设计风格，可用尾图进行品牌诠释及证书、包装方面的展示；解答买家关心的各种问题，如是否支持7天无理由退换货、快递、产品质量问题如何解决等，还可附以温馨提示。如图6-2-13所示。

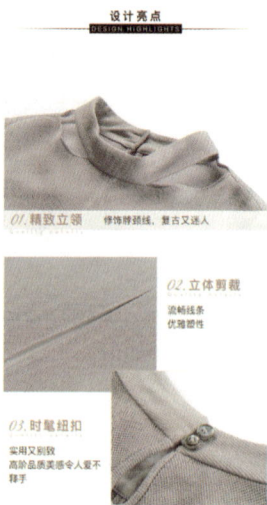

面料解析
FABRIC ANALYSIS

粘纤

设计亮点
DESIGN HIGHLIGHTS

01. 精致立领

02. 立体剪裁

03. 时髦纽扣

图 6-2-12　构图细节展示

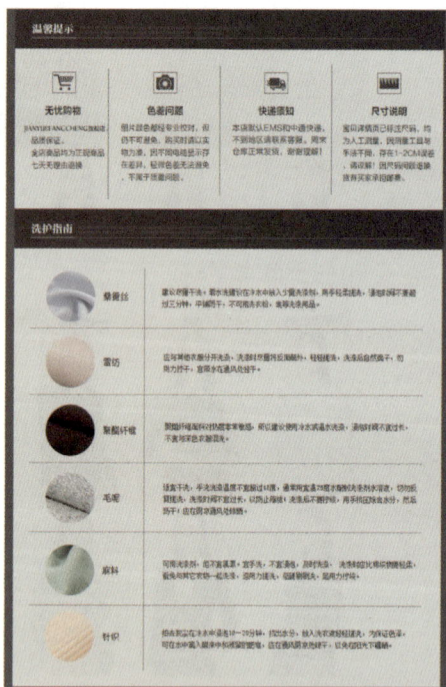

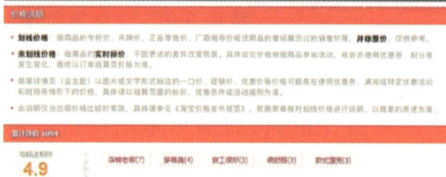

温馨提示

洗护指南

图 6-2-13　尾图

详情页商品的主要展示图制作步骤如下。

步骤1：在Photoshop中新建一个图层，选择"油漆桶工具"将图层填充为灰色。

步骤2：完成填充后，选择"文字工具"，输入表示服装风格的英文"FASHION STYLE"，并对字体进行大小、颜色设置。

步骤3：为了增加主图的层次感，选择"矩形工具"，在文字底下画出矩形，并选择与图层底色一致的色系进行填充，如图6-2-14所示。

图6-2-14　填充颜色

步骤4：依次置入模特展示图，主要以正面与背面的展示图吸引买家对商品的注意力。置入完成后，为了让商品展示更立体形象，点击右键并选择"混合选项"，设置投影效果。如图6-2-15所示。

图6-2-15　设置投影效果

步骤5:选择添加适当的文案,加强主图对买家的吸引力度。如图6-2-16所示,在左侧加上促销信息,以撞色的色块设计呈现,这样既能突出卖点,又不会喧宾夺主削弱模特商品图的展示效果。最后进行保存。

图6-2-16　添加促销信息

三、鞋、包类产品详情页设计

包类产品详情页设计可以从三个角度出发思考:第一,产品的时尚或实用角度,即主打卖点;第二,产品基础角度,即材质、制作工艺、大小、颜色、设计结构等;第三,视觉吸引力角度,即多角度细节说明、时尚搭配指南和一些故事性的画面展示、品牌解说等。

在必要环节配上必要的文案,多方位提高顾客的信任度和体验度。

鞋类产品在设计时主要考虑:如何多方位多角度展示产品实貌,如何从客户的角度出发替客户着想,如舒适度、鞋码说明、穿着展示、该款鞋主打性能的可靠程度(从案例或者构造角度阐述)等,注意细节阐述,避免多图堆砌。

因此,详情页框架设计必须做好以下几部分。首先,首图可以选择有渲染力的静图与短视频两者结合(如图6-2-17所示),短视频内容可以根据设计者想要体现的角度来选择。其次,必须有尺码说明,可选择左图右表或者上图下表的形式描述,也可以选择以纯图、表、文字的形式描述。需要体现出各个尺码对应的详细情况,列出试穿人员的体验,供顾客参考。给出一些测量方法和建议,引导顾客正确选择适合自己的尺码,提高客户体验满意度。产品细节解读,如图6-2-18所示,可以用不规则的拼图展示,也可以配以文字做具体说明。尾图对质保、产品正品售卖等情况做必要的补充展示,彻底打消顾客顾虑,促使顾客下单,如图6-2-19所示。

图6-2-17 静图与短视频结合设计　　图6-2-18 产品细节解读　　图6-2-19 尾图

四、化妆类和护肤类产品详情页设计

护肤类商品详情页设计要点:应该从女性消费者的角度出发,多角度阐释产品特点,如图6-2-20所示。除店铺活动、关联营销、产品详情、文案设计、功能详情图等之外,还应该包括专业产品研究数据、目标客户(产品适用人群)等信息。同时,如果还包括防伪查询和店铺授权信息,则更能让客户放心购买,促进客户下单。如图6-2-21所示。

图 6-2-21　多角度阐释产品

图 6-2-22　店铺授权信息

店铺活动可从主推款展示和大礼包介绍开始,用大额的满赠活动和充满诱惑力的画面抓住客户的眼球,使之停留。

化妆类产品详情页对创意设计、色彩搭配有很高的要求,整个画面需时尚简洁、风格统一,如图 6-2-22 所示。

图 6-2-22　化妆品类产品详情页

首图创意设计画面应符合产品风格,突出产品。利用名人效应,附上产品代言人的画面(如图 6-23 所示),能提高客户对产品的喜爱度。

图6-2-23 利用名人效应

商品展示的文案在设计的时候,可以紧贴产品主题和品牌功效,注意语言得体、简洁准确,如图6-2-24所示。同时,注意文案配色和设计的美感,配色与产品主题色要密切贴合,如图6-2-25所示。

图6-2-24 商品展示1

图6-2-25 商品展示2

商品展示的外观图和细节图作为展示商品属性的最基础部分,是不可或缺的,只有在对外观有所认识,产生喜爱之后,客户才愿意深层次了解该产品的具体性能。在性能指数没有差太多的时候,人们也往往愿意选择看起来更舒服、更美观的那款产品。

尾图部分,需要展示售卖商品的品牌认证和授权信息。由于化妆品市场多种产品竞争激烈,难免会出现一些市场不规范行为,在这种环境下,顾客更加重视对正品的查验,因此产品正品保证(如图6-2-26所示)、品牌授权书(如图6-27所示)和防伪查询方法的展示尤为重要,这可以打消客户购买疑虑,促进客户购买。

图6-2-26　正品保证

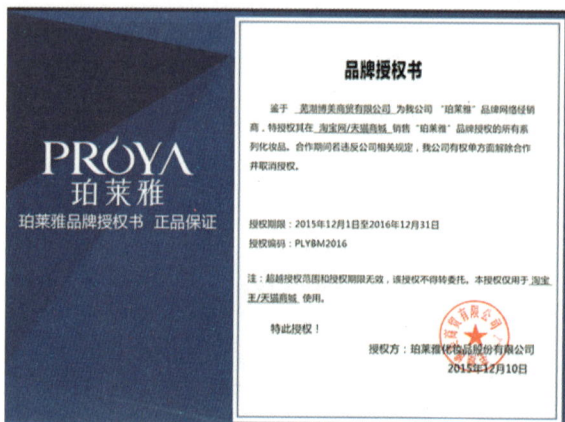

图6-2-27　品牌授权书

五、数码类产品详情页设计

数码类产品详情页设计要点:首先,准确把握产品的特性,对产品的定位有一个明确的认识,设计必须凸显产品的功能,这样才能抓住目标客户的心理活动。其次,展示产品参数,不论是手机、笔记本还是相机,产品的基本参数是详情页展示的核心部分,也是产品足以让观众购买的根本。最后,展示产品质保说明。数码类产品详情页展示的内容不同于服装、鞋包等快时尚消费品,产品质保说明的展示对该类产品来说至关重要,因为该类产品的质保是服务客户的基石,也是让客户保持忠诚的根本。详情页框架设计需要考虑以下几点。

对于数码类产品来说,性价比是很重要的,应优先考虑将店铺活动或商品关联赠品等优惠信息放置在首图设计中,以商品卖点+优惠信息的文案形式出现,如图6-2-28所示。

图6-2-28　数码类产品首图

　　笔记本的价格相较于一般商品偏高,应以优惠信息吸引顾客注意力,以促进顾客继续浏览或收藏店铺。

　　要点展示一:除优惠信息外,客户最关心的就是质保、正品售卖的问题,此部分和优惠信息应紧密结合。这时除突出产品首图卖点(如图6-2-29所示)以外,还要对产品的质保说明、正品售卖证书、产品品牌介绍、专业测评数据(如图6-2-30所示)等进行说明。

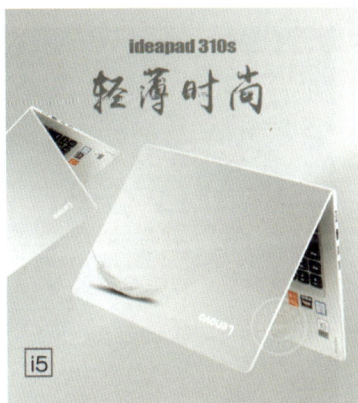

图6-2-29　首图卖点　　　　　　　图6-2-30　媒体评测

要点展示二：对于数码产品来说，买家最关注的应该是其性能，因此需要先展示基本信息，如笔记本可以展示系统、显卡、处理器、内存、散热性能、屏幕分辨率等基本信息，如图6-2-31所示。再通过图片拼接，选择炫酷的数字化时代背景，配上相应的人物场景，使用明艳的色彩，使画面看起来更有亲和力，如图6-2-32所示。

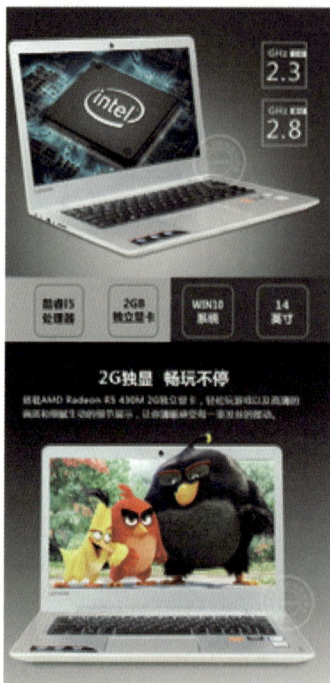

图6-2-31 基本信息

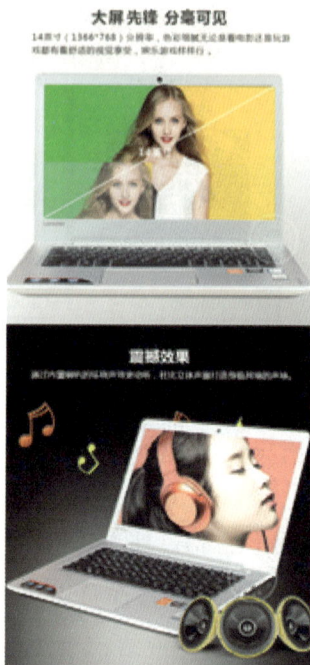

图6-2-32 人物场景

详情页尾图一般以表格的形式综合呈现商品的配置详情，让买家回顾并加深对商品卖点的印象，如图6-2-33所示；还应罗列包装清单，做到更周到地服务顾客，如图6-2-34所示。

产品信息

温馨提示：如有不清楚的，详细可咨询在线客服哟~~

处理器	英特尔I5-6200U处理器
显卡	AMD Radeon R5 M430
内存	4G内存 DDR4
硬盘	256固态硬盘/500G机械硬盘
显示器	14英寸 1366*768分辨率
外壳材质	工程塑料加铝合金
操作系统	Windows 10系统
网卡接口	内置无线网卡+有线网卡+蓝牙
续航时间	约5-6小时可视使用环境而变化
保修服务	联想售后网点联保2年
丰富接口	USB2.0*2 USB3.0*1 耳机麦克风二合一插口 HDMI 四合一读卡器 RJ-45接口 安全锁孔 一键恢复

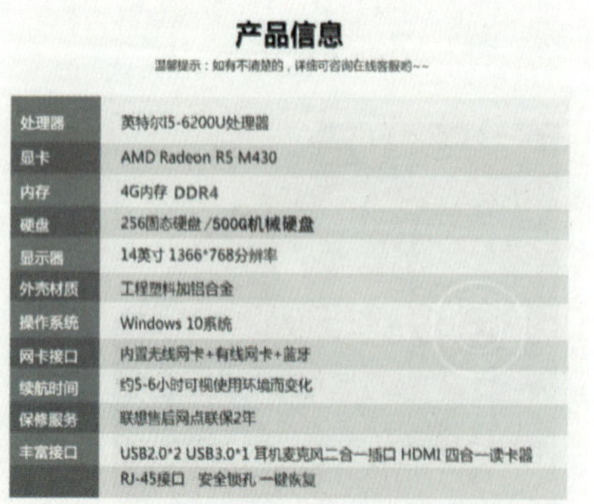

图6-2-33 配置详情

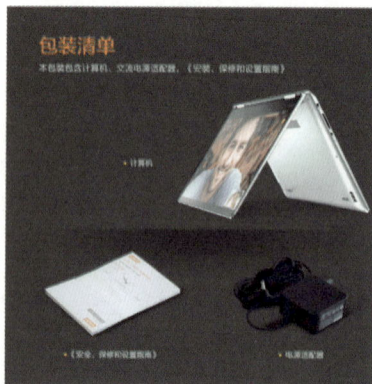

图6-2-34 包装清单

第七章

网店首页

第一节　页面布局管理

一、首页整体规划

在进行店铺页面设计时,最重要的是客户体验。要做到拥有好的客户体验,需要分析其他热门店铺是如何做的,从其他店铺中的做法总结经验。

案例1:萝卜大叔。

店招、导航、广告区域的背景图都为同一色系,店铺名称和产品宣传语及卖点非常明显。导航区域与广告图上的宣传文字都选用桃红色,字体俏皮可爱,从视觉角度容易辨别信息内容,与商品色调不冲突。如图7-1-1所示。

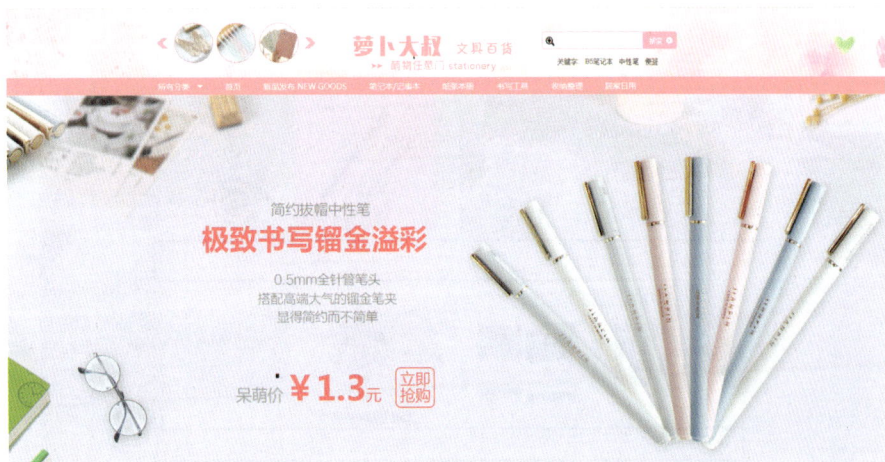

图7-1-1　萝卜大叔

案例2：壹贰。

店招区域非常明显地告知客户店铺的定位和所出售的商品类目。导航部分也与淘宝"双12"活动相关，图片轮播区域三张主图统一采用比较淡雅的主题风格，如图7-1-2所示。客户对简洁干净、信息比较少的页面会印象深刻。这是一种天生直观的形象思维能力，这种能力导致人们的内心渴望看到一种以简洁和纯净来体现功能和美感的设计。

图7-1-2　壹贰

从上述案例中不难发现，在进行店铺页面设计时需要遵从页面细节统一、模块布局清晰、页面设计风格明确的原则，如图7-1-3和图7-1-4所示。

图7-1-3　店铺页面设计1

图 7-1-4 店铺页面设计 2

二、页面布局的组成及设置

淘宝店铺首页结构包括店铺页头、店铺中间区域、店铺页尾。

进入卖家个人中心页面,在"店铺管理"模块中,单击进入"店铺装修"模块。店铺装修分为"页面编辑"和"布局管理"两个模块。如图 7-1-5 所示。

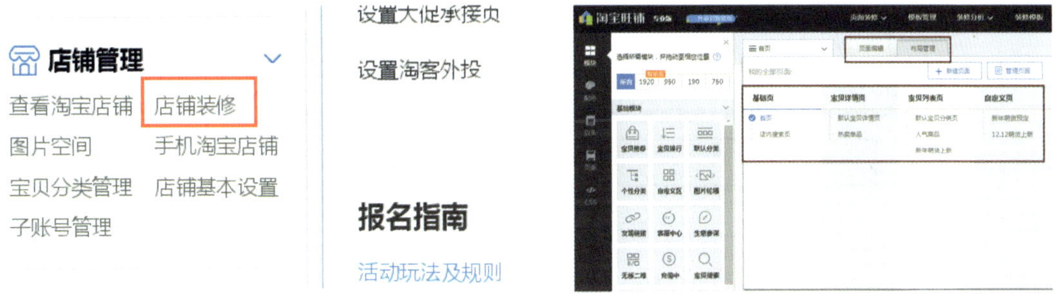

图 7-1-5 卖家个人中心"店铺管理"模块展示

在"布局管理"中可添加和删减相应模块,通过"页面编辑"界面可进行相应模块的编辑,如图 7-1-6 所示。

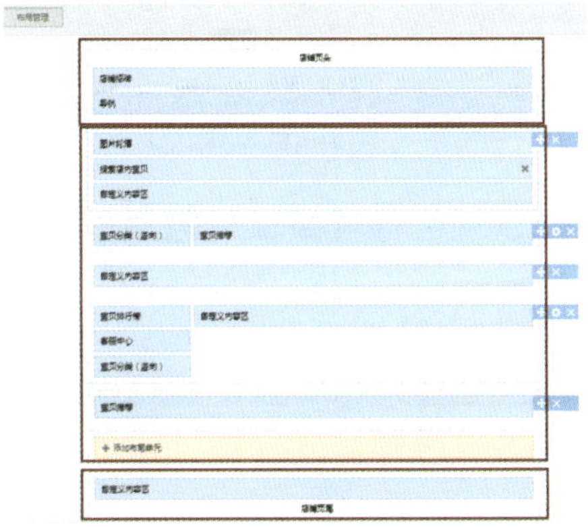

图 7-1-6 "布局管理"界面展示

1. 店铺页头

淘宝旺铺专业版的"店铺页头"区域由两个部分组成,分别是店铺招牌、导航。店铺招牌可通过"店铺装修"页面左侧的"布局管理"模块添加,页头在前台的展现形式如图7-1-7所示。

图7-1-7　店铺页头前台展示

2. 店铺中间区域

店铺中间区域的设置与店铺页头相同,也可从左侧拖动相应的模块到该区域,不同之处在于布局单元的添加,可根据店铺需要添加不同像素的布局单元,如图7-1-8所示。一般情况下首页中该区域的模块可分为掌柜推荐、产品上新、宝贝推荐、宝贝分类等,如图7-1-9所示。

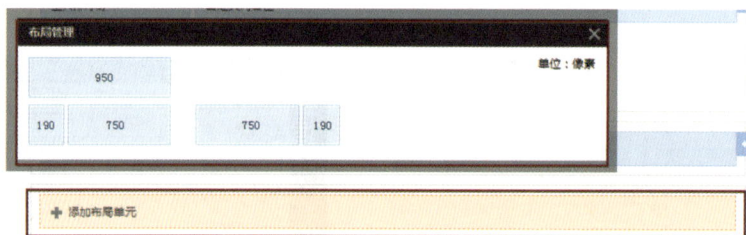

图7-1-8　布局单元展示

图7-1-9　页中区域包含模块

3. 店铺页尾

"店铺页尾"(如图7-1-10所示)与"店铺页头"的展示一样很重要,但往往容易被卖家所忽视。"店铺页尾"是一个公用的固定区域,设置好后会出现在店铺的每一个页面。淘宝旺铺专业版的"店铺页尾"是一个自定义区,没有预置的模块。卖家可以根据店铺需求添加图片、文字、代码等。

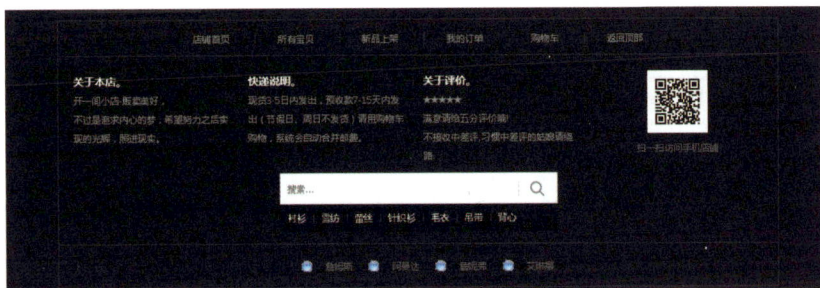

图7-1-10　店铺页尾

根据上述介绍,在做页面布局时我们要注意:①充分利用店招和导航模块;②第一屏很关键,一定要放能代表店铺形象的UV价值高的产品;③合理的分类导航可以缩短购物路径,产品陈列一定要风格统一,突出重点;④UV价值高的产品可以在首页重复出现。

第二节　店招设计

一、店招

店招应处于网店第一屏中最醒目的位置,它是向客户传达信息的黄金位置。在设计店招时,需要直观地传达网店的经营信息、所属的行业信息或所卖产品的特点等,让客户进入网店时可以清晰地了解网店的经营性质。在店招上设置网店商品,不仅能让客户在第一时间了解产品的信息,还能促进网店单品的流量,提升转化率。

店招是网店的招牌,是网店装修中最重要的模块之一。店招能使客户看到网店后对网店做出第一印象判断,而这种判断将决定着客户是否要进一步认识网店,所以店招是淘宝卖家用来展示网店名称和形象特点的一种重要途径。它可以由文字和图案组成,表现的方法十分灵活。店招设计思路根据定位可以分为以品牌宣传为主的店招、以促销活动为主的店招以及以产品推广为主的店招,如图7-2-1—图7-2-3所示。

图 7-2-1　以品牌宣传为主的店招

图 7-2-2　以促销活动为主的店招

图 7-2-3　以产品推广为主的店招

店招设计时，首先，要直观、明确地告诉客户网店卖的是什么，表现形式最好用实物照片；其次，要直观、明确地告诉客户网店的卖点，如特点、优势、差异等；再次，要标榜自己的品牌，用实物照片直观形象地告诉客户网店卖的产品，能第一时间打动客户，并吸引客户；最后，要有网店（产品）优势和差异化，并告诉客户网店产品的优势，以及和其他网店的不同，形成差异化竞争优势。

二、店招的设计与制作

以文具店为例，在店招的设计中结合网店定位，新建店招图层后，选择纯白背景，在店招图层中间的位置置入网店 Logo 和文字信息说明，如图 7-2-4 所示。

图 7-2-4　店招效果图

步骤 1：在店招上设置商品前，需要给放置的商品留白，接着在"文件"菜单栏下点击"置入"，将需要放置的商品图片依次置入店招中，并调整好位置，如图 7-2-5 所示。

步骤 2：调整好文字、图片的尺寸大小，置入素材后，就完成了店招图的制作，如图 7-2-6 所示。

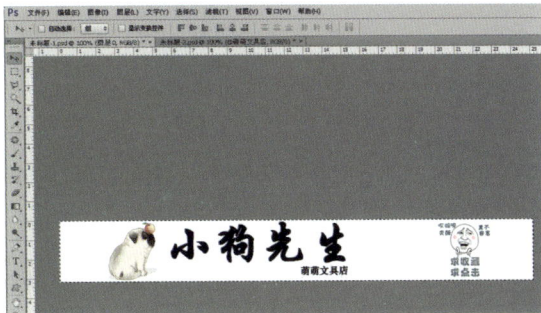

图7-2-5 置入文字

图7-2-6 置入素材

步骤3：点击"文件"菜单栏中的"存储"或"存储为"保存文件。点击"存储为"，选择存储的格式及位置（如图7-2-7所示）后，点击"保存"即可。保存图片时考虑到后期的店招优化，需要保存两种格式，一种是jpg图片格式，另一种是psd格式。如图7-2-8所示。

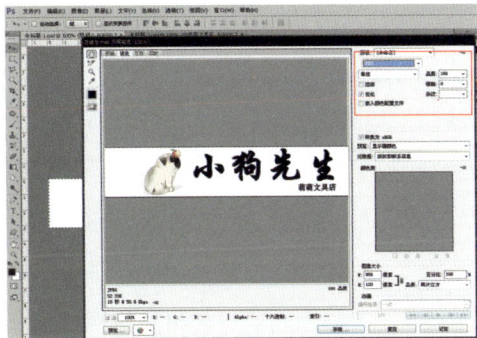

图7-2-7 wed存储为

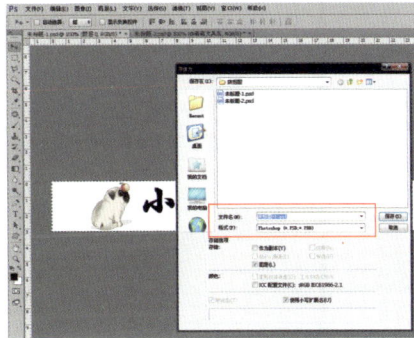

图7-2-8 保存图片

打开Dreamweaver软件，插入店招图片，利用"热点工具"画出需要添加链接的区域，选择"矩形热点工具"，画出需要添加链接的部分。

在选中热区的状态下，在图7-2-9标注的链接框中，填上网店对应的产品链接，然后复制代码保存到文本，供编辑店招模块时使用。

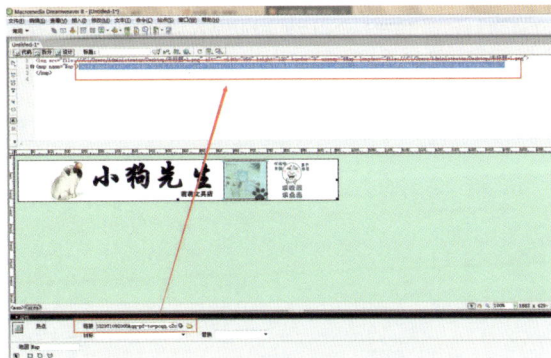

图7-2-9 添加链接

三、店招装修上传步骤

进入淘宝卖家个人中心的"店铺装修"模块,点击"店铺招牌"模块的"编辑"按钮,进行图片添加。进入店招编辑模块后,可以看到有"默认招牌""自定义招牌"和"BannerMaker"三个招牌类型。

"自定义招牌"可根据店铺需要自行添加文字或图片。选择"自定义招牌",点击添加"插入空间图片"按钮,上传新图片到"淘盘",选择对应目录添加图片,如图7-2-10所示。

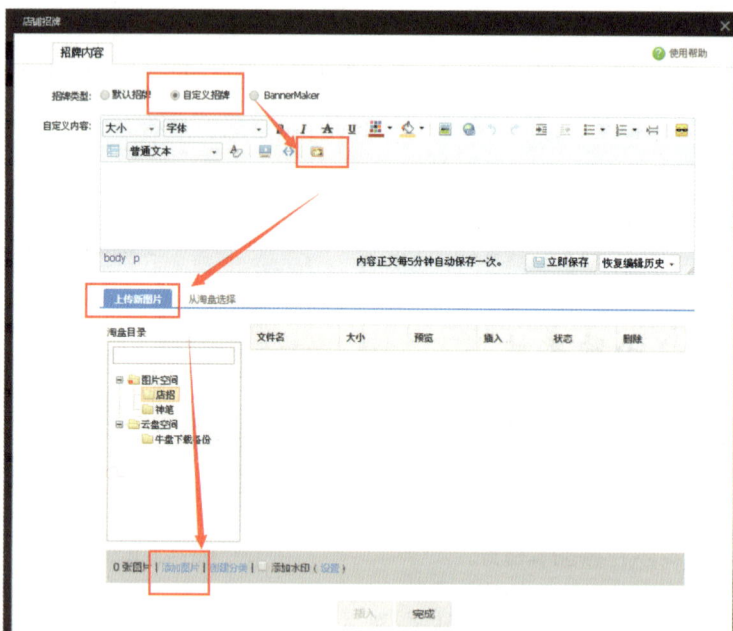

图 7-2-10　自定义招牌

将上传好的店招图,插入自定义内容区域,点击代码图标进入"html"格式下编辑代码。将刚才保存到文档的代码,复制到文本框,检查无误后保存图片,如图7-2-11所示。点击右上角"发布站点",就可以在网店首页看到已经更换好的店招图片,鼠标放置于店招产品区域,可以看到对应的产品链接,如图7-2-12所示。

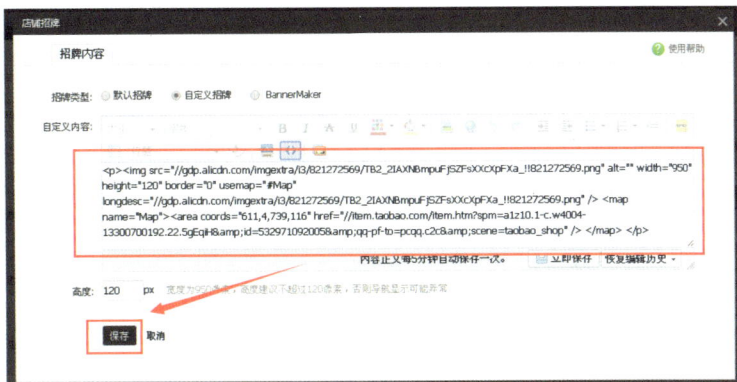

图 7-2-11 填写代码

图 7-2-12 查看产品链接

第三节 分类导航设计

一、导 航

　　网店导航方便顾客快速找到自己需要购物的网店,这样就省去了记网店地址的麻烦,只要打开网店导航网站就可以直接进到所需的网店。店铺导航区域里的每一个链接都可以访问一个完整的页面。页面可以是卖家自定义编辑的页面,也可以通过淘宝所提供的固定选项进行显示。客户在访问页面时,都是无规律的,所以店铺导航需要更主动地帮助客户提炼店铺信息,提高客户访问效率和订单成交率。导航条的最主要作用是加深新客户印象,平衡老客户需求,突出易用的主题。店铺导航案例如图 7-3-1 所示。

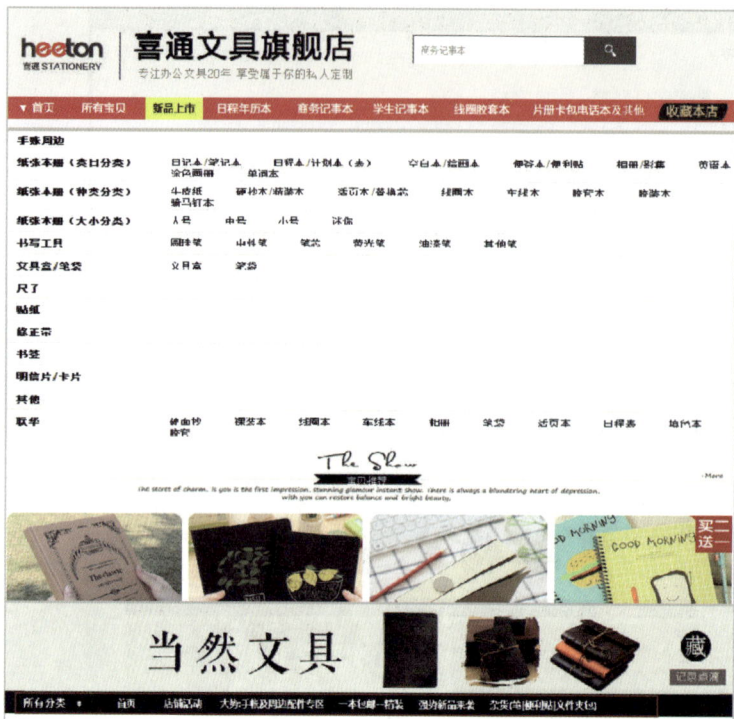

导航区域

信息分类导航

突出导航

图7-3-1　店铺导航案例

二、分类导航的制作与设置

小狗先生萌萌文具店作为初建店铺，还未吸引到忠实的老客户，所以在设置分类导航时注重加深新客户印象和突出易用的主题，并结合平台"双12"活动推荐新品，具体设计的内容包括12.12萌货上新、人气商品、日常の本本、便利の包包、日常文具，如图7-3-2所示。下面介绍添加12.12萌货上新、人气商品两个导航，具体操作如下。

图7-3-2　制作前导航首页预览

进入卖家中心"店铺装修"模块，在"页面编辑"界面下的导航模块点击"编辑"按钮，进入导航编辑页面，如图7-3-3所示。导航编辑分为"导航设置"和"显示设置"两种类型。在"导航设置"界面下，点击"添加"按钮进入"添加导航内容"界面，添加导航内容有三种类型，分别是宝贝分类、页面和自定义链接。

图7-3-3 进入导航编辑页面

1."宝贝分类"设置方法

根据店铺已有的分类,选择需要添加的分类设置在导航模块,确认无误后,点击"确认"按钮保存,点击"预览"可以查看修改后的导航模块,如图7-3-4所示。

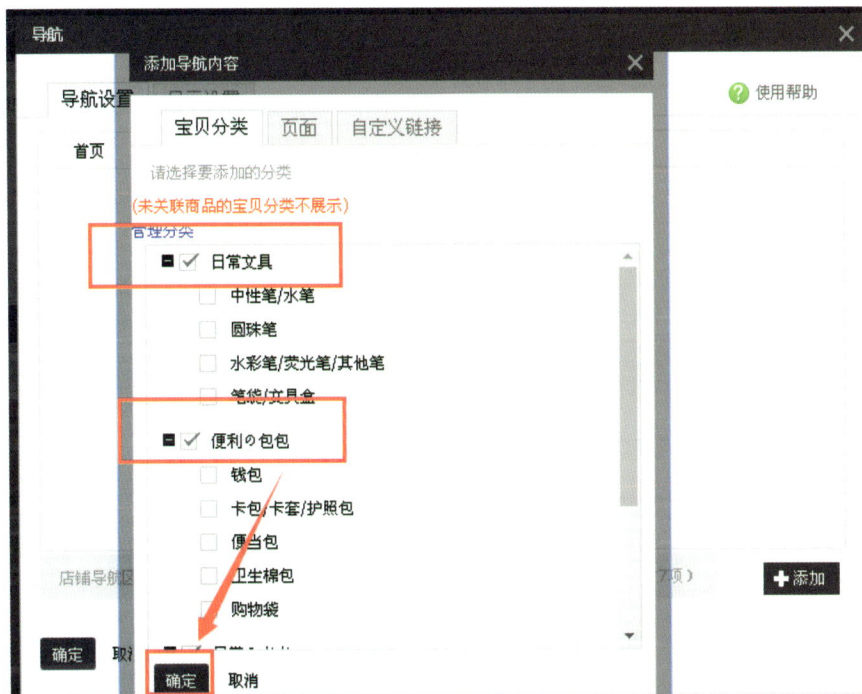

图7-3-4 宝贝分类设置方法展示

2."页面"设置方法

点击"页面"按钮(如图7-3-5所示),进入设置界面,然后点击"点击创建"链接进入"新建页面"(如图7-3-6所示),选择需要的页面类型,设置页面名称,选择页面展示类型,最后保存页面。返回"页面",选择刚才添加完成的页面,点击"确定"按钮,在店铺首页导航模块,就可以看到新添加的页面,如图7-3-7所示。

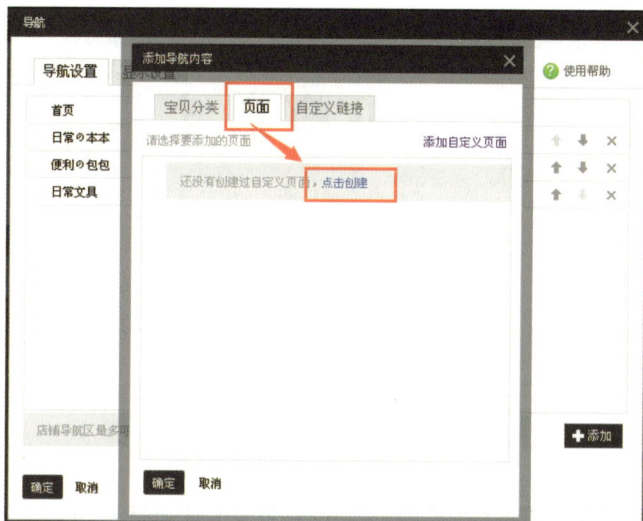

图 7-3-5 "页面"设置方法

新建页面

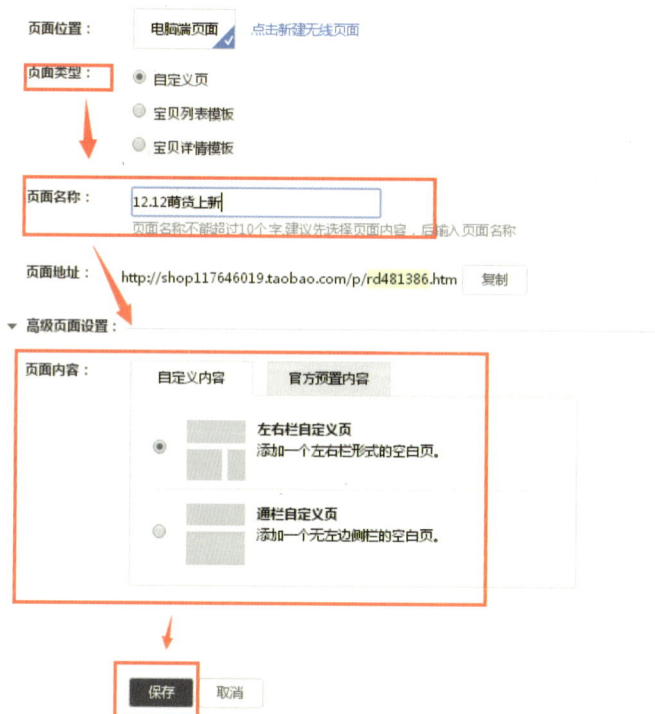

图 7-3-6 新建页面

图 7-3-7 效果展示

3."自定义链接"设置方法

自定义链接的设置比较简单,只需要填写"链接名称""链接地址"即可,如图7-3-8所示。需要注意的是,添加的链接只能填写淘宝网内部链接。添加完成所需的分类、页面后,可以在"导航设置"界面,上下移动或删除所添加的分类和页面,如图7-3-9所示。最后效果如图7-3-10所示。

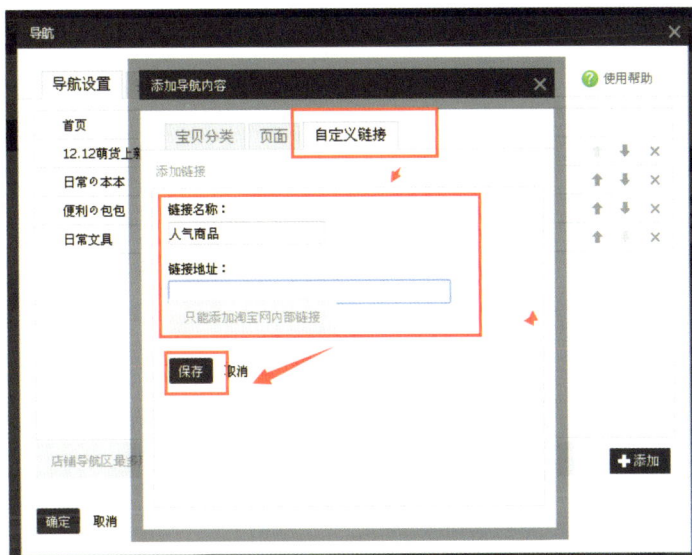

图7-3-8 设置自定义链接

图7-3-9 可根据需求移动或删除分类和页面

图 7-3-10　店铺导航效果预览

4. 利用CSS代码设计制作

CSS也叫层叠样式表单,是用于(增强)控制网页样式并允许将样式信息与网页内容分离的一种标记性语言。店铺导航开放CSS设定,让卖家通过CSS设定,把导航展现得更加丰富。

CSS代码样式参考如下。

√导航条背景色

.skin-box-bd　.menu-list{background:none　repeat　scroll　0　0　#00ad08;}

√首页/店铺动态背景色

.skin-box-bd　.menu-list　.link{background:none　repeat　scroll　0　0　#00ad08;}

√首页/店铺动态右边线

.skin-box-bd　.menu-list　.menu{border-right:1px　#006205　solid;}

√首页/店铺动态文字颜色

.skin-box-bd　.menu-list　.menu　.title{color:#ff0000}

√所有分类背景色

.all-cats　.link{background:none　repeat　scroll　0　0　#00ad08;}

√所有分类右边线

.all-cats　.link{border-right:1px　#006205　solid;}

√所有分类文字颜色

.skin-box-bd　.all-cats　.title{color:#ff0000}

店铺后台可以使用CSS改变导航颜色和样式(如图7-3-11所示),方法是:在导航设置中,点击"显示设置",将CSS代码添加进去,如图7-3-12所示。

图 7-3-11　店铺首页导航展示

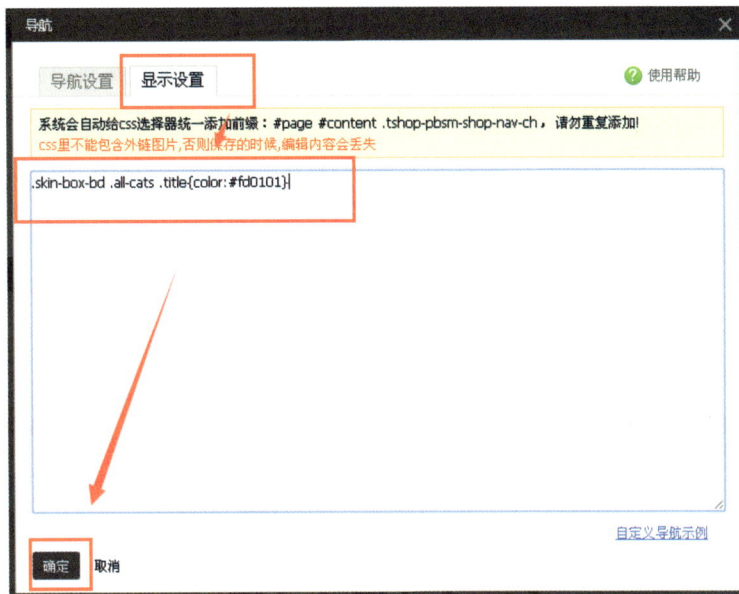

图 7-3-12　利用CSS代码设置导航

第四节　海报设计

一、海报设计思路

海报设计是一种视觉传达的表现形式,一张好的海报不仅可以生动地传达网店的产品信息和各类促销活动,而且可以吸引客户关注,提高转化率。海报一般包含背景、产品、文案三个部分,如图7-4-1所示。

图 7-4-1　海报

海报设计思路如下。

1. 海报色调与网店大色调统一

海报在设计时,需考虑店铺整体环境,一般情况下店铺在设计最初会确定3—4个色调作为店铺主色调。除此之外,还须考虑平台活动主题色调,如"双11"为大红色、妇女节为紫色等。海报设计尽量避免与主色调产生强烈的对比,要考虑降低纯度和明度。

2. 根据产品亮点定背景

海报背景选择上,最好要做到背景与产品相呼应。在海报设计中,大体分为两种风格:一种是将拍摄的图直接用作背景,排列活动文案;另一种是将产品提取出来,背景根据产品灵活变动,再配合版式,如图7-4-2所示。

图7-4-2 产品定背景

3. 根据客户群凸显文案

要明确海报面对的客户群,根据面向的客户群策划文案排版。如图7-4-3所示,该店铺的客户群为企事业单位办公人员,所以背景图选用含有科技元素的蓝色,广告语为"办公文具大聚惠 一站式购物",表明店铺产品不仅优惠,而且多种多样。

图7-4-3 凸显文案的海报

4. 突出海报主题

海报图片设计与摄影作品不同。摄影作品突出原生态,添加文字是为了更好地突出画面,而海报中文字的设计是为了更好地烘托主题。如图7-4-4所示,海报在设计时使用产品图片作为背景,图片中间使用文字突出店铺主题"原创·文艺·生活"。

图 7-4-4 烘托主题的海报

二、海报设计与制作

以文具店为例,进行海报设计与上传。

步骤 1:新建海报尺寸为 950px×250px,直接选取产品为海报背景,添加相关促销或产品文案信息。将文案通过合理的排版增加视觉效果,即完成海报设计。效果如图 7-4-5 所示。

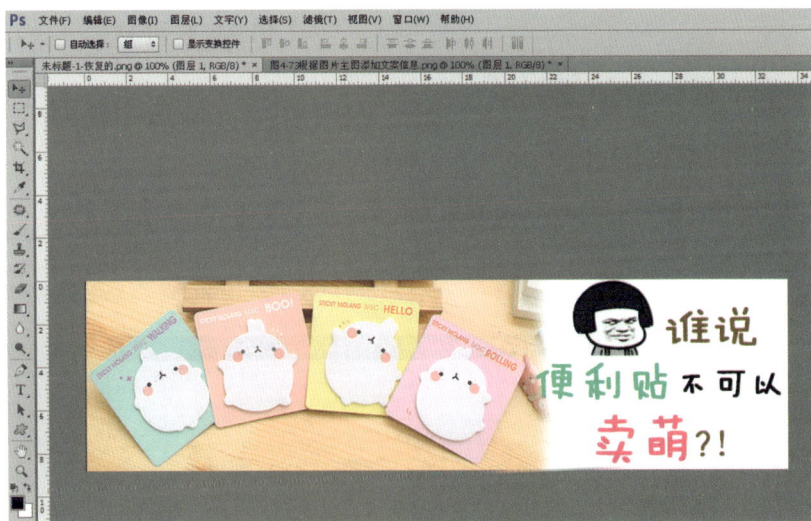

图 7-4-5 制作文具海报

步骤 2:在"页面编辑"界面,点击"图片轮播"模块的"编辑"按钮,进入编辑页面,添加海报和海报所对应的链接,如图 7-4-6 所示。保存后预览网店前台效果,如图 7-4-7 所示。

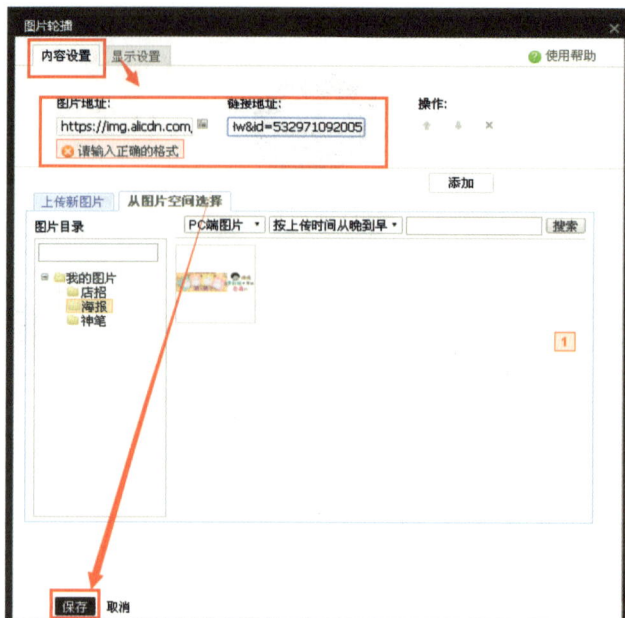

图 7-4-6 添加链接

图 7-4-7 网店前台预览效果

步骤 3：通过图片轮播模块，可以设置多张海报，只需要在"内容设置"界面点击"添加"按钮即可，如图 7-4-8 所示。

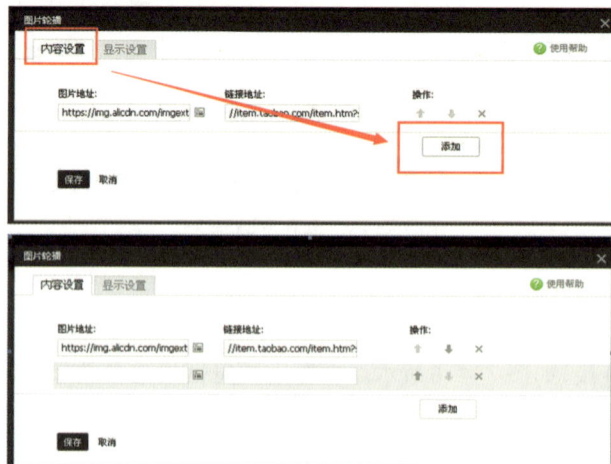

图 7-4-8 通过图片轮播模块添加海报

第五节 促销区设计

一、促销区设计思路

网店的促销区域是企业文化非常重要的展示区,网店可以根据自身经营活动的需要设计和组织页面内容,利用好促销区域不仅能合理展示网店商品,还能提高网店的转化率。

在设计促销区前,需要对促销区进行全面的认知。网店促销区主要展示网店的热推商品,引起客户的关注。促销区海报通常包含三大要素:精美度、热度和优惠力度。

首先,商品呈现的尺寸相对显眼。无论是拍摄还是构图设计,都会力求将产品的精美度呈现出来。其次,产品的热度体现。利用能激发客户的从众心理的热度关键词,促使客户仔细地往下浏览。最后,优惠力度。利用优惠、打折、包邮等直接的优惠信息刺激客户。

常见的促销区设计按照促销的形式不同可以分为:特价、秒杀、包邮、赠送、红包与抵价券等。店铺红包如图7-5-1所示。

图7-5-1 店铺红包

二、促销区的设计制作与上传

与直接的促销广告引导相比,用促销图片作为过渡更能抓住买家的眼球。根据对促销区域的认知,需要明确促销区设计的标准要素和主题,目标明确,形式美观。下面以文具店为例制作简单的促销海报。

步骤1:首先,新建一个尺寸950px×250px的海报;其次,选取产品为海报背景,添加相关活动促销文案信息;最后,将文案通过合理的排版增加视觉效果,即完成促销区设计。如图7-5-2所示。

步骤2:进入卖家中心的"店铺装修"界面,在"页面编辑"下,点击促销区的"编辑"按钮,如图7-5-3所示。插入已经设计好的促销区广告图,如图7-5-4所示。还可以给促销区添加链接。最后保存后点击"完成"按钮,效果如图7-5-5所示。

图 7-5-2　促销区的设计制作

图 7-5-3　促销区的"编辑"

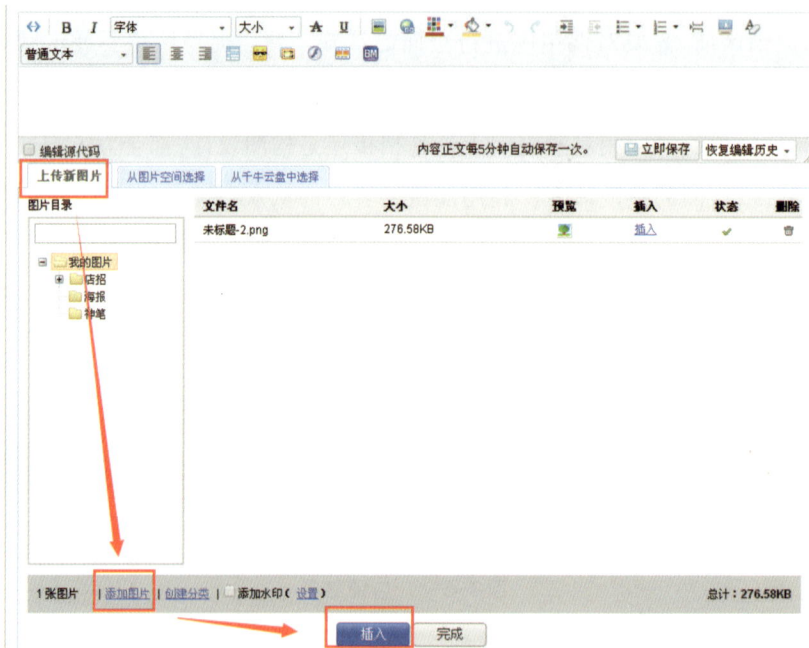

图 7-5-4　插入促销区广告图

图 7-5-5　店铺首页促销区预览效果

第八章

视觉引流

⬛ 第一节　直通车设计优化

一、什么是直通车

淘宝直通车是为淘宝和天猫卖家量身定制的,按点击量付费的效果营销工具,有助于卖家实现宝贝的精准推广。它是淘宝网推出的一种全新的搜索竞价模式。

淘宝直通车的竞价结果可以在淘宝网上充分展示(以全新的图片+文字的形式显示)。每件商品可以设置200个关键词,卖家可以针对每个关键词自由竞价,并且可以看到淘宝网上的排名位置(排名位置可查询),并按实际被点击次数付费。每个关键词最低出价0.05元,最高出价99元,每次加价最低为0.01元。

二、直通车投放的策略

不同时期,直通车投放的策略有所不同。在直通车开通前期,最主要的目的是提高点击率,提高质量分,使排名靠前和降低推广费用,因此,要求直通车推广图创意十足、视觉冲击力强,能够吸引买家点击。而在直通车开通后期,最主要的目的是精准引流,即直通车推广图不仅仅能让买家点击,引进流量,还能促进订单的达成,提高流量的转化率,此时要求直通车图片目标消费者定位明确,且图片与详情页的描述与真实的商品匹配度高。

一天中并非每个时刻的流量都是均等的,一般来说,10:00、15:00、16:00、20:00、21:00、22:00这几个时刻的前后几分钟时间是流量的高峰期。为了抓住高峰期,可以提前设置直通车的投放时间,在流量低谷与流量高峰时段设置不同的出价,以控制成本,保证资源得到最大程度的利用。

三、直通车的展示位置

众多新手卖家在起步阶段,都会选择从单品宝贝的关键词开始进行推广。最好的方式就是去开直通车了。

1. 宝贝推广展示位

(1)打开PC端淘宝,随便搜索一个关键词,比如搜索"衬衫",淘宝网搜索结果页面右侧,有16个竖着的展示位,如图8-1-1所示。

图8-1-1　竖着的展示位

(2)搜索结果页左侧,第一个商品,掌柜热卖,如图8-1-2所示。

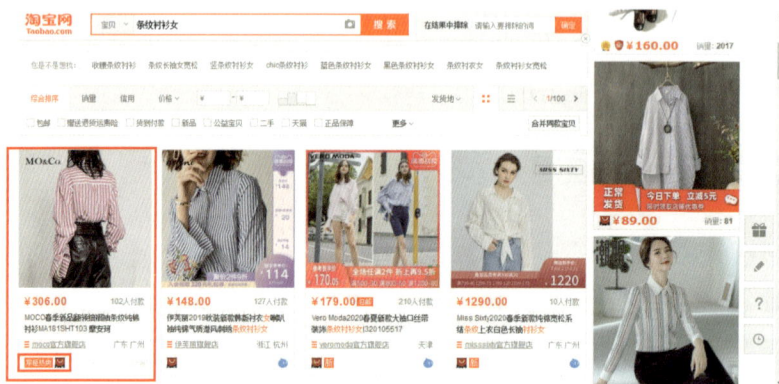

图8-1-2　掌柜热卖

(3)搜索结果页底端,掌柜热卖横着有5个展示位。搜索结果页每页展示21个宝贝,右侧展示1—16位,底端展示17—21位。搜索结果页面可一页一页往后翻,展示位以此类推,如图8-1-3所示。

图 8-1-3　页面底端掌柜热卖

2. 定向推广展示位

旺旺买家版每日焦点—热卖,我的淘宝—已买到的宝贝—物流详情页,收藏列表页,等等。

3. 活动展示位

淘宝网各频道页面活动。

4. 天猫页面展示位

天猫关键词或类目搜索,最下方掌柜热卖,5个展示位,根据电脑的屏幕显示自动调整展示位个数。该展示位只展现天猫用户。

5. 淘宝站外展示位

淘客搜索页面(https://ai.taobao.com)和淘宝热卖页面(https://f.ai.taobao.com/)的搜索结果页面或定向推广展位。

6. 店铺推广展示位

关键词搜索结果页面右边"店家精选"3个展位。

四、直通车设计优化

众所周知,有点击才会有转化。影响直通车点击率的原因有很多种,如选款、选词、创意主图、展现位置、产品价格、基础销量、投放地域、投放时间、搜索人群、创意标题等。就直通车的图片来说,要注意以下两点。

(1)直通车图片制作的六大禁忌,如图 8-1-4 所示。

图 8-1-4　直通车图片制作的六大禁忌

①忌一张图片多个商品。一张图片尽量只放一件商品。商品简述越多,单个宝贝就越不突出,图片整体也越不清楚。只有精准的图片才能吸引目标客户。

②忌产品图片大小不等。宝贝图片为正方形,直通车广告的图片和每个宝贝的缩略图大小一样。要让宝贝在那么多的图片中脱颖而出,建议上传宝贝图片时,选择尺寸为500px×500px的正方形图片。

③忌加夸张的水印。这是为了确保水印不影响商品主图的展示,即使是为了保护图片版权,跟花钱做广告相比,还是让商品清晰更重要。图片不加水印能换来更多买家的关注,还是值得的。

④忌复杂的背景。背景复杂会使得宝贝图片不突出,如有背景最好将背景虚化,而且图案也需要尽量单一,以免干扰商品主图。

⑤忌宝贝细节放图片里。图片被自动缩略到80px×80px后,细节部分根本看不清楚,连商品主图都会受到影响。因此,宝贝细节最好不要放在图片里。

⑥忌产品主题不突出。让一件产品充满整个图片区域,让产品主题在整个图片区域中最大化,否则会因看不清是什么商品而影响点击量。

(2)直通车图片设计优化技巧。

推广图要突出自身产品的优势,有品牌优势就凸显品牌,有价格优势就聚焦于价位,有销量优势就突出销量。设置四张推广图,在流量分配上选择轮播的方式进行测试,让四张推广图流量分配均匀,最后把点击率高的图片留下。需要注意以下几点。

①图片清晰度要高。图片的像素一定要高,模糊的图片会给消费者很廉价的感觉,清晰的图片能带来视觉上的美感。

②不要过于单调。不单调并不代表过于花哨,图片要多方位传达产品价值,一张简简单单的白底图不能全面解释。要有视觉角度的摆放与文案的描述,文案要简练且抓住核心卖点。

③图片场景的要求。产品可以放在纯色背景或者场景图中,也可以放在室内室外场景图中,还可以进行不同程度的虚化等。产品放在不同的场景图中会使人产生不同的联想,比如将一件羽绒服放在冰雪或寒冷的场景图中,就会让我们产生一种温暖倍增的感觉。

④促销信息吸引眼球。一般而言,促销是最能吸引买家的,就如同有特价活动的地方总少不了围观人群一样。在撰写商品促销信息文案时要尽可能地吸引买家眼球。

⑤创意卖点的多元化。产品的主要诉求点在于宝贝卖点,也就是宝贝的核心竞争力,卖点能刺激到买家最直接的需求。创意是有一定生命周期的,创意要想在同行中脱颖而出,就要不断与同行的亮点有所区别。因此,创意卖点要注意经常更新。

第二节 钻展设计优化

一、什么是钻展

钻石展位,简称钻展,是淘宝网图片类广告位竞价投放平台,是为淘宝卖家提供的一种营销工具。钻石展位依靠图片创意吸引买家点击,获取巨大流量。

钻石展位是按照流量竞价售卖的广告位。计费单位为CPM(每千次浏览单价),按照出价从高到低进行展现。卖家可以根据群体(地域和人群)、访客、兴趣点三个维度设置定向展现。

钻展是以视觉传达信息的一种推广方式,一张图片的好坏将会影响到钻展的推广效果,一张图片的文案和素材将决定信息传达的效果,并直接关系到引流成本的高低。钻展的推广形式可以分为:①单品推广。适合热卖单品和季节性单品;适合想要打造爆款,并通过一个爆款单品带动整个店铺销量的卖家;适合需要长期引流,并不断提高单品页面转化率的卖家。②活动店铺推广。适合有一定活动运营能力的成熟店铺;适合需要短时间内大量引流的店铺。③品牌推广。适合有明确品牌定位和品牌个性的卖家。

二、钻展设计优化

1. 钻展图的主题分类

(1)品牌——传达品牌理念。

店铺要想快速打造品牌,可以利用名人效应、签约模特——突出品牌定位和个性。如裂帛、七格格这样的店铺,它们的模特能让我们直接联想到所对应的品牌(如图8-2-1、图8-2-2所示)。当然,小众品牌在设计方面也可以向与自身店铺定位相似的品牌靠拢。

图8-2-1 模特海报1

图8-2-2 模特海报2

（2）促销——新品折扣告知和清仓促销。

钻展的投放很多时候是为了短时期大量引流，图片构成就需要产品素材配合店铺活动方案：①价格优势；②包邮；③时间限制；④视觉冲击。如图8-2-3所示。

因此，在钻展图片广告投放前，前期的准备一定要充足，如店铺内的关联及备货等。

图8-2-3　促销海报

（3）单品——打造爆款，以点带面。

根据热卖单品或季节性产品打造爆款，达到以点带面的目的，图片为主打单品，链接到推广单品页面或首页。如图8-2-4所示。

图8-2-4　爆款海报

（4）节日——依托节日做活动。

借各种传统、非传统的节日为主题，增大活动宣传力度。"双11"的钻展，如图8-2-5所示。

图8-2-5　节日活动海报

（5）直击卖点（放大卖点）。

突出一款产品能达到超预期的效果，吸引买家兴趣。如图8-2-6所示，趣味刺绣小脚裤突出的就是一穿即有显瘦的效果。

图8-2-6　直击卖点海报

2. 钻展图的创意构成

（1）文案（卖点）。

①要提炼出关键词，并摆放到位（产品信息、折扣促销信息）。

②字体及颜色。字体尽量保持1—2种，在不影响辨识度的情况下，小字号显得更精致、品位高。

③衬线体。对于抒情性强的banner，使用衬线体显得更加有爱、更加经典。

建议：文案写作需要注意的元素有受众、目标、收益。只有了解用户的想法，抓住用户的心理，了解用户的兴趣点，才能给用户灌输产品理念。如图8-2-7所示，主要抓的就是有家装需求的顾客，把关键字家装会场和疯抢红包的促销信息第一时间展现出来，再通过物件的合理摆放，一张很直观的促销海报就完成了。

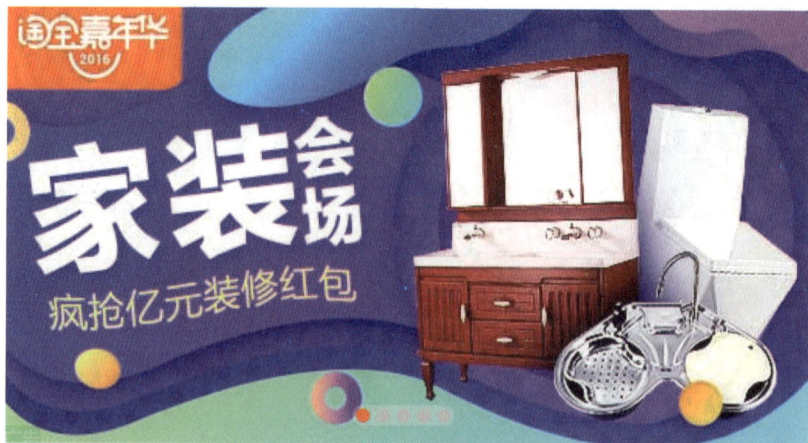

图 8-2-7　家装海报

（2）产品图（卖点）。

突出产品的卖点，对其进行排序并且进行富有创意的组合。如图 8-2-8 所示是经典棉麻五分短裤产品的展示。与图 8-2-7 相似，卖家在制作钻展图时将不同颜色的短裤进行有序排列，突出产品卖点，能让买家产生购买欲望。五分短裤海报背景简单洗练，产品突出，卖点文案简约但不简单。

图 8-2-8　五分短裤海报

（3）主题风格。

确定主题风格，与店铺风格相对应，尽可能符合产品或店铺的调性。如图 8-2-9 所示，背景图在选用时要尽可能选择浅色系列，与产品色系相吻合。

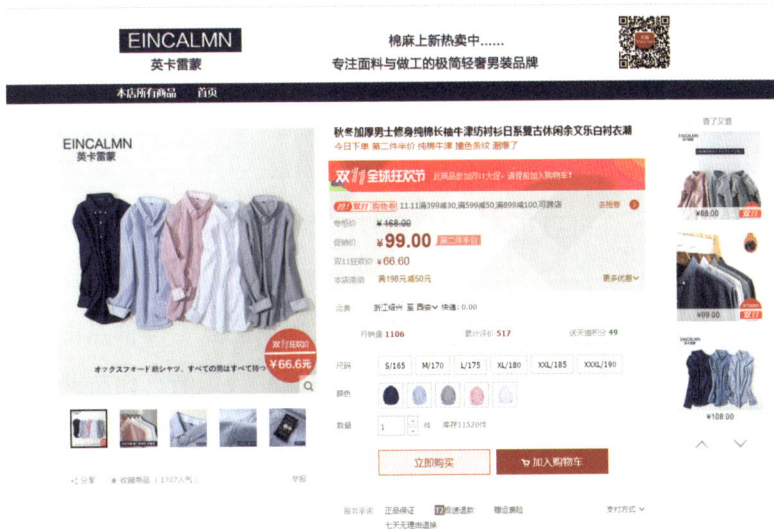

图 8-2-9　店铺风格展示

（4）布局。

可以选择几何环绕型、左右分割型、产品图中间夹杂文案型等布局。如图 8-2-10 所示，采用的是产品图中间夹杂文案型布局，通过合理的图文布局，让买家在视觉上对店铺留下较好的印象，从而吸引顾客点击，获得较高流量。

图 8-2-10　产品图中间夹杂文案型布局

3．钻展图的设计要求

（1）钻展图的尺寸。

PC 端淘宝首页焦点图尺寸为 520px×280px，图片大小不能超过 80k。

手机淘宝首页焦点图尺寸为 640px×200px，图片大小不能超过 72k。

淘宝首页焦点图右侧小图尺寸为 170px×200px，图片大小不能超过 26k。

（2）钻展图的细节。

可以使用浅色场景图，但应避免色调过深；无牛皮癣，即无大块的标签贴；无边框，无水印；文字要少，宜精不宜多；图片清晰度高，不会显得模糊。

（3）其他注意事项。

由于淘宝网首页不允许出现flash广告，所以只能用JPG格式或者GIF格式的图片。字体建议使用宋体或黑体。

所有广告投放的素材必须要清晰，不然会影响视觉效果，还会降低点击率。

广告素材要求无边框，无阴影。由于动态效果的图片会影响页面打开的速度及顾客体验，因此在广告素材方面建议制作成静态图。

图片中严禁出现鼠标的手形、箭头等形状，严禁出现假分页、翻页，严禁出现视频模式，不能出现杂志、媒体、明星推荐、OS认证等字样。

图片严禁出现拼接形式，不得出现白色竖条。除非有授权，素材创意中禁止出现微信表情、QQ表情等在线的表情图片。

禁止使用未经授权的明星、模特图片，禁止出现聚划算（包括巨划算）、商城logo等淘宝官方活动字样和形式。

创意中不能出现月销千件、全网最低、淘宝销量第一、销售冠军、热荐、顶级等类似以淘宝名义进行宣传或虚假描述，从而给用户造成误导的字眼。

第三节　主图设计优化

一、主图影响因素

店铺要想提高成交率，宝贝主图也是核心影响因素之一。一张图片除了要展现产品信息之外，更要能打动顾客。这样买家才有兴趣浏览，促成交易。所以，宝贝主图的设计优化尤为重要。一张合格的主图包含以下几个因素。

1. 真实、清晰、完整地展示产品

真实、清晰、不变形，这是商品主图最基本的要求。所以，卖家在展示产品图片时，必须完整地展示产品，否则，不仅会降低宝贝主图的质量，也难以吸引买家，甚至会产生负面效果。如图8-3-1所示，一件男士衬衫的主图通过上身效果展示，能让买家更清晰地了解产品，吸引顾客，获得点击量。

图 8-3-1　男士衬衫主图

2. 突出产品卖点和亮点

卖点的提炼有很多种方式,既可以利用商品的独特功能,如大小、材料、形状、重量等,又可以利用消费者的心理、竞争对手的状况、抽象的卖点等来提炼。如图 8-3-2 所示,是颇有名气的鞋子的主图展示,卖家用一种非常有趣的方式来诠释这鞋子透气的抽象卖点,吸引顾客眼球。

图 8-3-2　鞋子主图

此外,卖点的提炼不能太多,数量以一个为宜,最多不能超过两个。在主图上不能堆砌太多的卖点,尤其是文字的堆砌。若突出太多的卖点,会让消费者产生不舒服的视觉感受。因为,大部分买家还是比较喜欢清晰的商品图展示的。如图 8-3-3 所示,左边的图片利用过多文字对卖点进行介绍,让消费者产生视觉上的杂乱感,反而无法得到买家的关注,因此,这在主图设计中是比较忌讳的;我们再来看右边的图片,它虽然也有卖点的介绍,但相比较而言,其设计排版比较统一,更能让顾客眼前一亮,所以在主图设计中更值得提倡。

图 8-3-3　手机主图对比

3. 卖点中适当加入促销元素

为了制造购买的紧迫感(限时、限量等),可在主图上加一两个促销信息,如满就减、包邮、限时特价等,但须注意文字不要太多,排版清晰,色彩和谐,最主要的是不能喧宾夺主。如图 8-3-4 和图 8-3-5 所示,促销信息的内容精练,加在主图的右下角适当位置,让买家产生购买欲望。

图 8-3-4　女装主图 1

图 8-3-5　女装主图 2

二、主图设计优化

现在很多的卖家都把重点放在流量和转化率上了,而对主图的重视远远不够。要知道,主图是卖家展现给买家的第一印象,一张好的主图不仅仅是用来展示宝贝的,还代表着店铺的整体形象。如果能抓住以下几点,那你的主图一定精彩。

1. 主图有独一无二的卖点

一个宝贝能否达成交易,卖点极为重要。在淘宝中同类产品太多,多数宝贝主图看上去都是差不多的,没有给买家眼前一亮的感觉,让顾客很难选择。这个时候如果主图上有一些独一无二的卖点,就会给宝贝带来较多点击量。如图8-3-6所示,在主图中加上"这件T恤太骚了,借钱都要买"这一与众不同的卖点,即能让消费者一下子产生购买兴趣,从而达到商品推广的目的。

图8-3-6　T恤主图展示

2. 主图价格明确

价格区间是很多买家网上购物选择宝贝的条件,当产品做活动价格优惠时,把价格写到主图上,能使产品与价格形成鲜明的对比,让顾客迅速判断出产品的性价比,有效留住顾客,促成交易。

3. 主图有行为驱动指令

假设一件T恤的卖点是耐脏、透汗,就可以把这两个卖点设计在主图中,让顾客一目了然,看到主图就能判断是否符合自己的购买需求,是否需要继续浏览宝贝的其他因素。假设我们在搜索栏中输入关键词"女士衬衫",搜索后会出现各种不同款式的宝贝。如果在宝贝主图上设计一个明显的标记"加绒加厚"(如图8-3-7所示),有这方面需求的顾客就能一下子被吸引,从而激发他们的购买欲望。

4. 为主图添加边框

主图添加边框的目的很明确,就

图8-3-7　女士衬衫主图

是使宝贝在众多页面中显得更为突出,能让顾客第一时间看中。如图8-3-8所示,为同一系列的半身裙,左边的主图添加了边框,与右边的主图相比,其更能吸引买家眼球,获得流量。

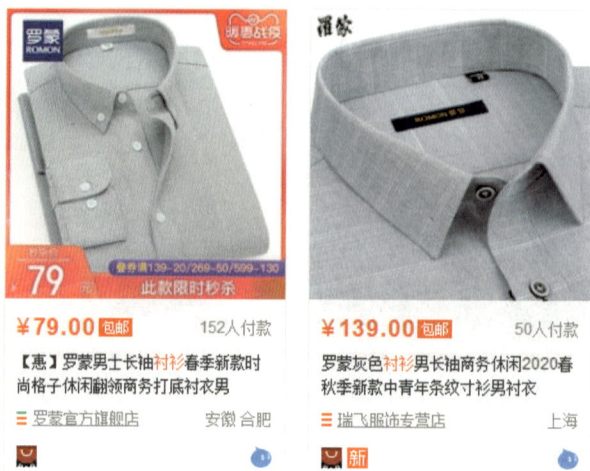

图8-3-8　衬衫主图对比

5. 主图颜色和背景颜色对比鲜明

让宝贝与背景形成鲜明的对比,吸引顾客的眼光停留在宝贝上,主要作用是突出产品的卖点。

6. 主图饱满度设计合理

一件宝贝能否被拍下,宝贝卖相至关重要。在宝贝主图设计上,饱满度是一项很重要的指标,留白要恰当。

7. 主图主题突出

主图一定要主题突出,并且要让消费者知道店铺的卖点。如果是卖衣服的,模特身上的其他饰品就不要太突出。

8. 主图文案信息设计合理

文案信息建议占一行或者最多两行,可以运用常见的三种对齐方式:左对齐、右对齐和居中对齐。文字不要超过三种颜色。

9. 主图大小设计恰当

主图大小尽量不要超过3M,主图的详情容量越大,买家浏览时用到的流量就越多,加载速度就越慢。容量合适的宝贝会优先得到展示。

第九章

用Photoshop优化网页布局

第一节　图片切割

一、图片切割的作用

在Photoshop中设计好的网页效果图，需要导入Dreamweaver中进行排版布局。在导入Dreamweaver之前，可以使用Photoshop或Fireworks对效果图进行切片和优化，然后把优化好的切片输入Dreamweaver的站点中进行布局。

制作网页图像切片的目的是获得图片素材并对图片进行优化，使得整个图片分为多个不同的小图片分开下载，提高网页加载的速度。

能够通过网页设计软件实现效果的部分，不需要切片；必须用图像的地方，一定要切片。另外，通过切片可以导出不同类型的图片，还可有效减小图片的大小，且便于设置超级链接。制作网页切片的软件主要有Photoshop和Fireworks，我们采用Photoshop进行切片的制作。

二、促销广告图切割

开网店经常会遇到这样一种情况，就是要给自己店里的商品做促销广告。促销广告可以由一整张大图片独立组成，也可以由若干张小图片集体组成；可以是对具体促销产品的展示，也可以是对各类型促销入口的展示，如图9-1-1—图9-1-3所示。

图9-1-1　由一整张大图片独立组成促销广告

图9-1-2　由若干张小图片集体组成的促销广告——展示具体产品

图9-1-3　由若干张小图片集体组成的促销广告——展示各类型促销入口

促销广告图切割操作的步骤如下。

步骤1：打开Photoshop软件，导入所要切片的图。将想要切割的那张图片用Photoshop打开，然后找到"裁剪工具"，单击鼠标右键，选择第三项"切片工具"，如图9-1-4所示。

图9-1-4　"切片工具"调用

步骤2：根据商品名称和类别选定切片的区域，将图片划分成块。如图9-1-5所示，根据内容可以明显看到这张图需要被划分为四部分。

图9-1-5　图片划分

步骤3：进行切割。先从图片的左上角开始切割，按照要求进行每一部分的切割。这里需要对同一张广告图上的不同商品进行切割，以便在编辑HTML代码时可以对不同的商品添加不同的链接地址。切割完一片后在这张图片的左上方位置能看到一个自动标记记号。

步骤4：储存，即将切割好的促销广告图进行保存。打开"文件"选项卡，选择"存储为Web所用格式"选项，进行保存即可，如图9-1-6所示。

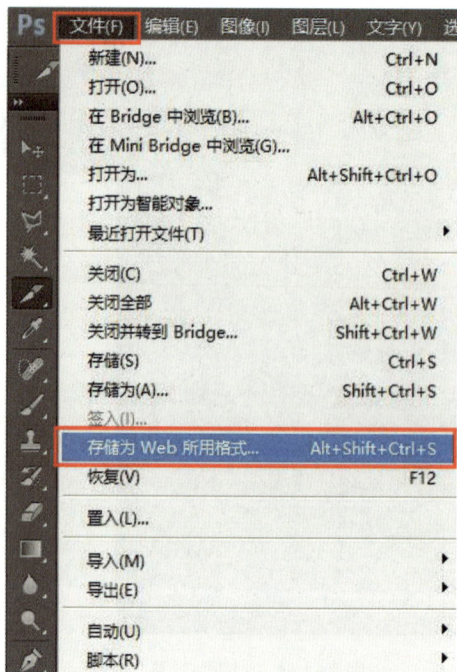

图 9-1-6　存储为 Web 所用格式

步骤 5：储存信息。这个时候系统会弹出一个对话框，里面有很多图片信息，可以根据自己的需要进行设置，如果不需要进行设置，直接单击下面的"存储"按钮即可，如图 9-1-7 所示。

图 9-1-7　储存信息界面

步骤 6：选择存储位置。单击"存储"按钮以后，系统就会弹出"存储位置"对话框，可根据自己的需要选择存储位置。

三、超大图片切割

在网店实际发布商品图时，为了将商品细节和整体效果展现出来，通常会将商品的图片放大。另外，还有一些商家为了增强视觉冲击力，会做全屏广告。

然而从买家体验的角度来看，这种超大图片通常有几兆甚至几十兆大，使用它们时买家打开网页的时间就会拉长，而这几秒之差，就可能使买家关掉当前网页，转向别家。因此，网店需要对图片进行切割，将大图片切割为若干张小图片，让小图片一个一个加载，以此缩短图片打开的时间，提升买家体验。

1. 超大图片切割的步骤

步骤1：在Photoshop中打开目标图片，如图9-1-8所示。

步骤2：选择"切片工具"，鼠标右键切片图标，选择"切片工具"，如图9-1-9所示。

图9-1-8 打开目标图片

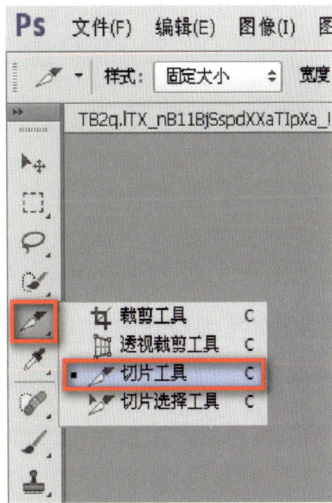

图9-1-9 "切片工具"调用

步骤3：在图片上点击鼠标右键，出现"切片工具"菜单，选择"划分切片"项，如图9-1-10所示。

步骤4：在打开的"划分切片"对话框中，选择横向将图片划分为3个部分，如图9-1-11所示。

步骤5：图片被横向平均分为3个部分后，打开"文件"选项卡，选择"存储为Web所用格式"项，进行保存即可。

图 9-1-10　选择"划分切片"项

图 9-1-11　"划分切片"参数设置

四、图片切割的位置

由于图片类型不同,图片切割的方式也会有所不同。通常来说,广告图片只要求切割为若干张小图片,无须在图片上做其他编辑的情况下,可以使用默认图片分割方式,将图片平均分割为若干块即可。如果要处理的是网店的广告大图,图片中包含网店产品或需要添加活动链接,就需要对图片的不同部分分别进行切割。先分析图中需要点击的部分有哪些,再根据点击区域进行具体划分。

网店首页、导航栏、礼券、活动栏目、产品类目等图片都是可以点击的部分,则对该图片只能按区域进行划分而不能用默认划分方式,如图 9-1-12 所示。

图 9-1-12　划分区域示意图

以上为针对特定区域的图片切割,如果切图的目的只是加快图片加载速度,则不需要如此麻烦,直接切割即可,具体步骤如下。

步骤1:将需要进行切割的图片拖到Photoshop中。该图是网店轮播广告图,图片做得非常大,因此加载速度相对较慢。这个时候用到的切图策略就是默认的分割方法,可以选择横向切割、纵向切割或横纵向结合切割。

步骤2:以横纵向结合切割为例。选择"切片工具"后,在图片上点击鼠标右键,出现"切片工具"菜单,选择"划分切片"项,如图9-1-13和图9-1-14所示。

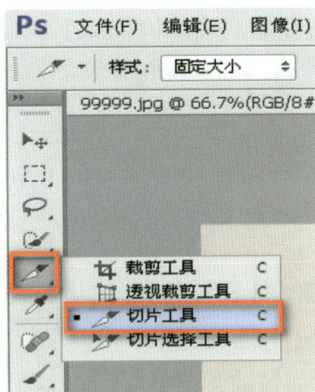

图9-1-13 "切片工具"调用

图9-1-14 选择"划分切片"项

步骤3:同时勾选"水平划分为"与"垂直划分为",并设置均匀分割数量。如图9-1-15所示。

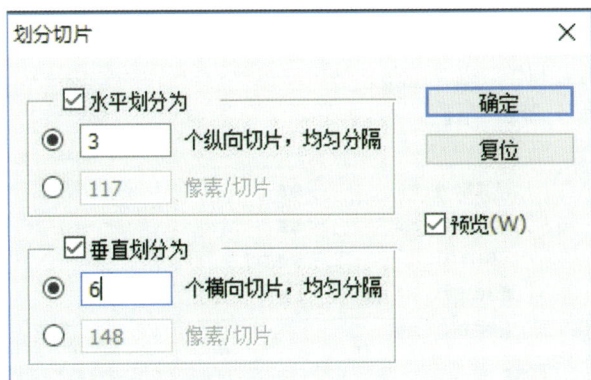

图9-1-15 "划分切片"参数设置

步骤4:点击"确定"按钮,即完成图片切片工作,进行保存即可,效果如图9-1-16所示。

图 9-1-16　效果图

第二节　图片优化

一、切片图片优化

图片优化，是图片处理时必须进行的流程。通过图片优化，能缩小图片体积，优化加载速度，并可通过图片快速链接至目标地址，使买家能更快地浏览到图片全貌。

作为网店卖家，需要考虑的问题是如何快速将买家链接至目标地址。用图片做链接入口无疑是一个好办法，利用具有吸引力的图片将买家吸引至具体商品页面，能够增加其购买概率。接下来就来讲一下如何对切片图片进行优化，使其成为链接入口。

步骤 1：在 Photoshop 中创建宽度为 750 像素，高度 258，分辨率为 72，颜色为 RGB 模式的新文档，如图 9-2-1 所示。

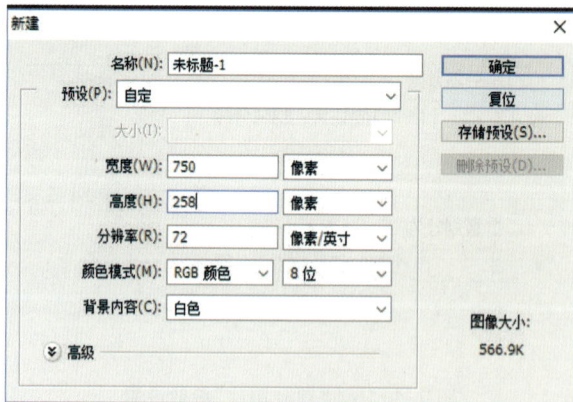

图 9-2-1　新建文档

步骤 2：根据自己的设计风格和内容，设计好相关的图片及版式。

步骤 3：点击工具栏中的"切片工具"，在图像中根据自己的需要完成切片（越简单越好），方法同创建选区一样,使用"切片工具"在图像中框选,如图9-2-2所示。

图9-2-2　切片

步骤4:为切片创建超级链接。打开产品页面,复制地址,如图9-2-3所示。

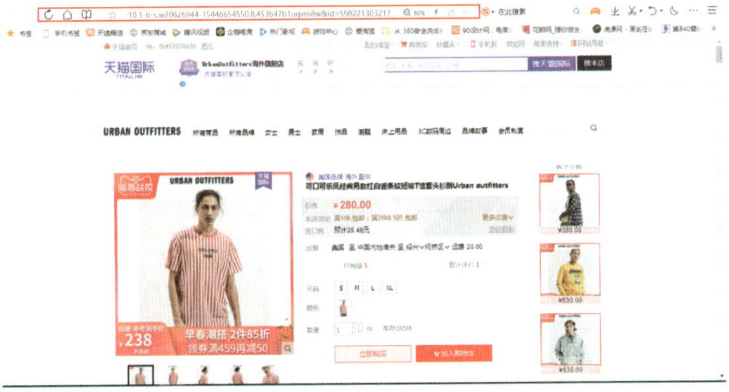

图9-2-3　创建超级链接

步骤5:回到Photoshop软件,使用"切片选择"工具双击需要建立超级链接的切片,弹出"切片选项"对话框。在"URL"地址栏中粘贴步骤4中复制的商品地址,并在"目标"栏中输入"_blank",然后点击"确定"按钮,即完成切片图片的优化和超级链接的添加,进行保存即可,如图9-2-4所示。

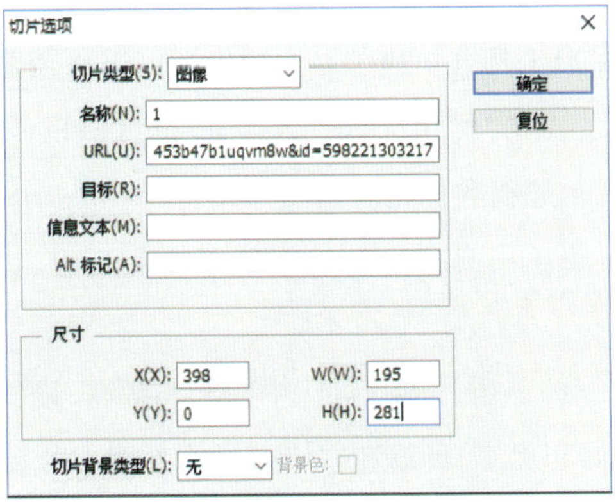

图9-2-4　"切片选项"对话框

二、单张图片优化

电商平台为了保证平台的正常运营,通常会限定卖家上传商品图片的大小。而卖家在拍摄商品图片时,为了保证商品图片质量,通常会使用数码相机进行拍摄。但是,一般情况下,数码相机拍出的照片,分辨率较高,尺寸较大,不符合电商平台对商品图片大小的规定。因此,需要借助Photoshop对单张图片进行优化。

步骤1:将需要进行优化的图片拖动到Photoshop软件中。

步骤2:将图片"存储为Web所用格式"后,弹出如图9-2-5所示页面。

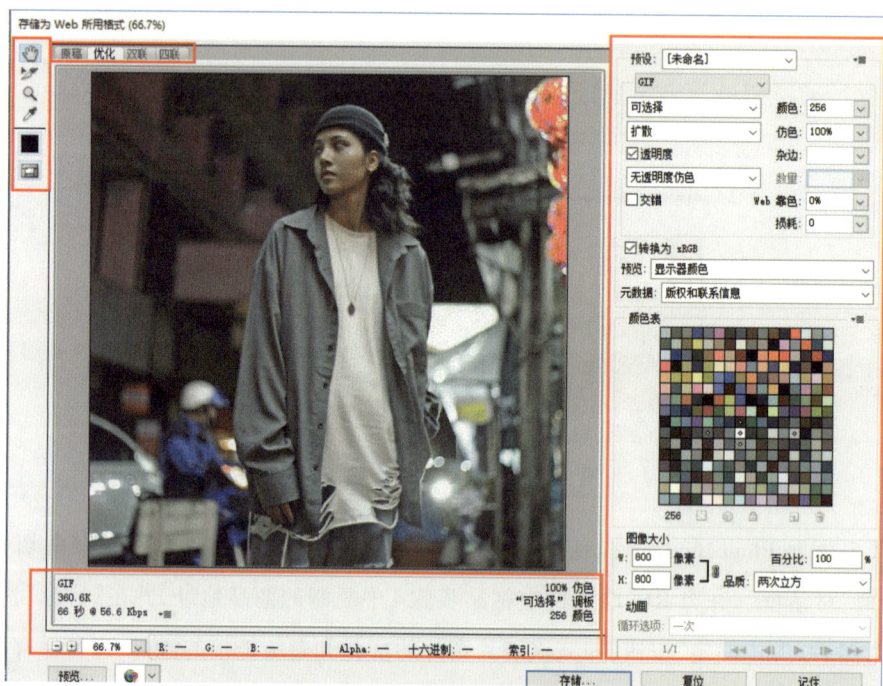

图9-2-5 "存储为Web所用格式"页面

步骤3:点击左上角"手形工具"(快捷键是空格键),可以移动图片。点击"原稿"按钮,可以查看完全未压缩的图片。点击"优化"按钮,可以查看经过Photoshop优化处理的图片。点击"双联"按钮,可以同时展示原稿和优化后的图片。

步骤4:在"预设"下拉菜单中有Photoshop预设的各种适合特殊用途的图片格式,如图9-2-6所示。

步骤5:选择图片被压缩的品质,选项有低、中、高、非常高、最佳、一般。建议选择非常高或者高。如果想让图片的体积更小,可以在"品质"栏输入更小的数字,但不要小于51。如图9-2-7所示。

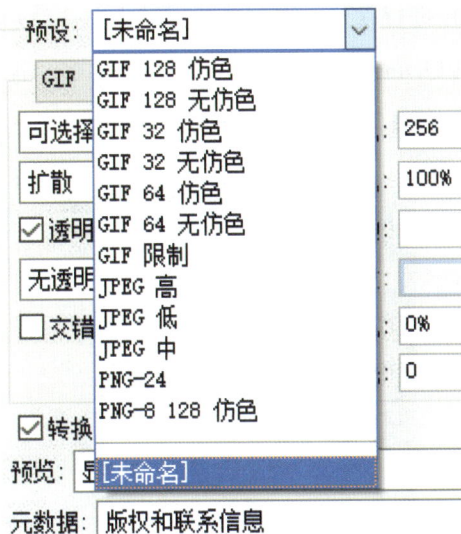

图 9-2-6 "预设"下拉菜单

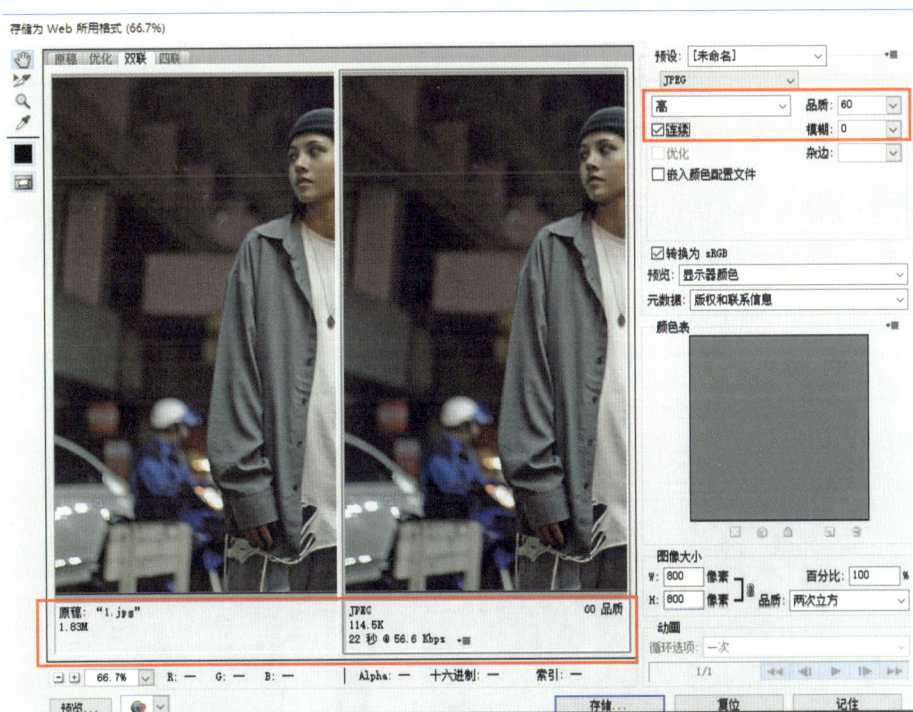

图 9-2-7 图片品质设置

三、切片保存

切片保存比较简单,在图片切片完成后,运用 Photoshop 软件依照以下步骤进行操作即可。

步骤1:对切割后的图片进行存储。切割后的图片有三张,分别储存较为麻烦,也容易混乱。这种情况下,需要用到 Photoshop"存储为 Web 所用格式"功能。将切割好的图片存储为 Web 格式,可以选择"文件"→"存储为 Web 所用格式"。如图9-2-8所示。

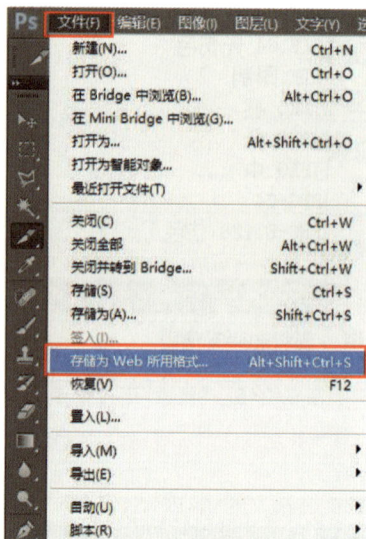

图9-2-8　存储为"Web所用格式"命令调用

步骤2:存储为 Web 格式后就可以看到如图9-2-9所示的内容,这是存储为 Web 格式的存储选项。因为只是针对简单的广告图片进行切割后的储存,基本数据在切割的过程中已经确定,所以在这里基本数据不需要改动。

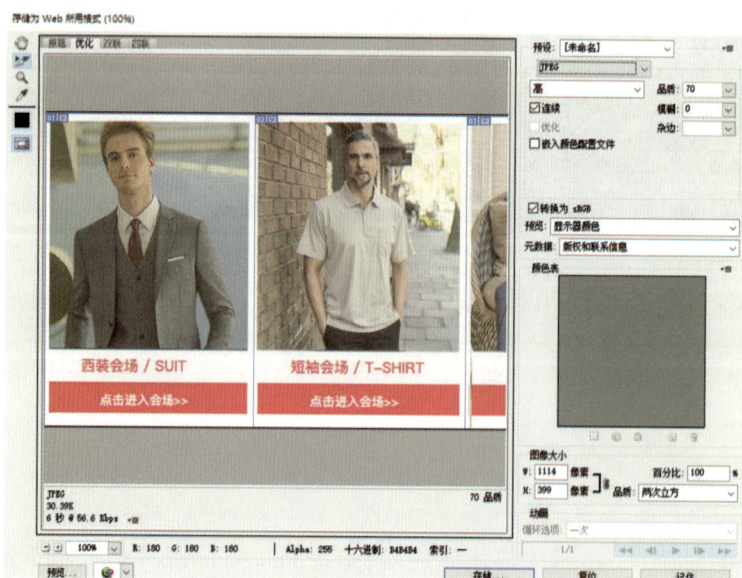

图9-2-9　存储为 Web 格式的选项

步骤3:直接点击"存储"按钮,然后选择存储路径并对文件进行命名,格式选择"HTML和图像",如图9-2-10所示。

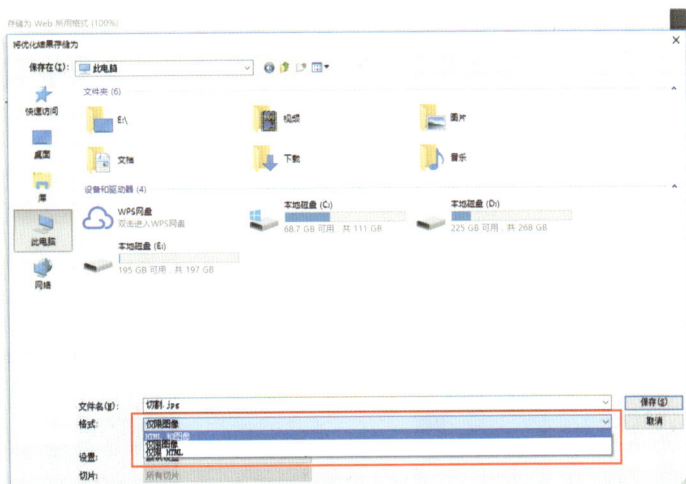

图9-2-10　存储格式设置

步骤4:点击"保存"按钮,可以看到刚才编辑过的图片已经储存到名为"images"的文件夹,此外还有一张 HTML 广告整体图(此处命名为"切割")的链接,如图9-2-11所示。到此完成切片保存。

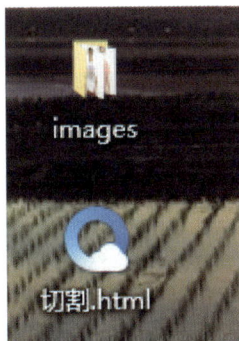

图9-2-11　切片保存位置

四、切片上传

切片上传的操作步骤如下。

步骤1:(衔接上一操作步骤4)打开"images"文件夹,得到4张图片,Photoshop 已经默认为图片做了编号,如图9-2-12所示。

| 切割2_01.jpg | 切割2_02.jpg | 切割2_03.jpg | 切割2_04.jpg |

图9-2-12　图片编号

步骤2：使用浏览器打开促销海报这个链接，能看到一整张HTML图片以网页的形式展现，如图9-2-13所示。

图9-2-13　HTML图片以网页的形式展现

步骤3：对广告图片进行编辑，为图片的各个部分都加上链接。这一步需要使用Dreamweaver软件，用Dreamweaver打开网页"切割"HTML图片，如图9-2-14所示。

图9-2-14　用Dreamweaver打开网页"切割"HMTL图片

步骤4：打开图片后，看到页面左侧为HTML代码，右侧为效果预览，如图9-2-15所示。左侧代码是被切割的各个小图片的属性代码，代码中包含图片所在文件夹、图片名称、图片宽度、图片高度等。例如，点击图片区第1张小图片，代码区变灰色的部分即是该图片的代码。

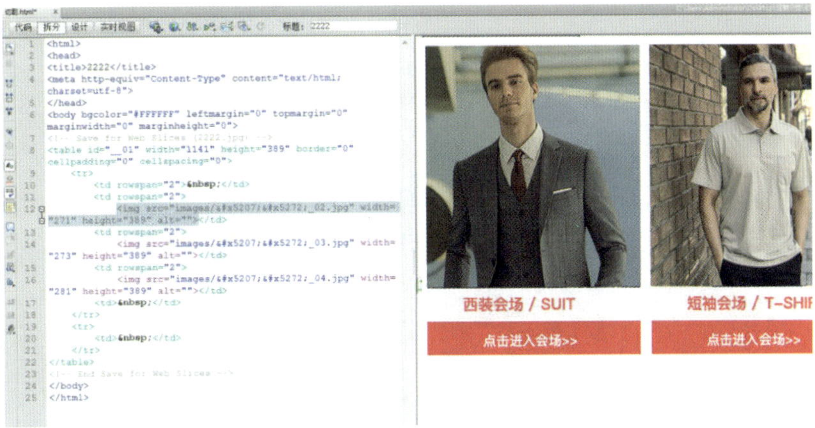

图 9-2-15　网页"切割"界面图

步骤 5：为每一张小图片添加链接。在目标图片的代码中使用链接命令：在代码前面<td>后添加 a href="目标网址"，在代码后面</td>前添加</a>即可。如图 9-2-16 所示。

注意：目标网址是点击图片后需要进入的链接网址。比如，点击图片后需要进入淘宝商城，就在目标网址的位置输入淘宝商城的网址。

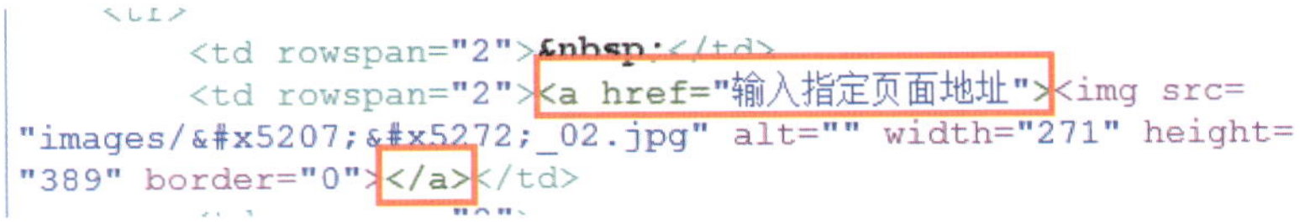

图 9-2-16　添加链接

第三节　批处理

在 Photoshop 中，可以将对图像进行的一系列操作，有顺序地录制到"动作"面板中，然后在后面的操作中，就可以通过播放存储的动作，来对不同的图像重复执行这一系列的操作。

用户还可以将自己制作的图像效果，如画框效果，制作成动作保存在电脑中，以避免重复操作。

一、录制动作

步骤 1：准备一张用来录制动作的照片，并将其拖动至 Photoshop 软件中，如图 9-3-1 所示。

步骤 2：打开上方的"窗口"选项卡，选择"动作"选项，如图 9-3-2 所示。

图9-3-1　打开素材　　　　　　　图9-3-2　调用动作功能

步骤3：在动作面板中点击"创建新动作"按钮，之后在弹出的"新建动作"对话框中，根据自己的使用习惯给新动作编辑名称，并点击"确定"按钮，如图9-3-3所示。

图9-3-3　创建新动作

步骤4：打开"图像"菜单，选择"图像大小"选项，如图9-3-4（a）所示。

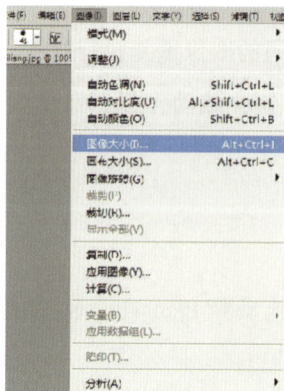

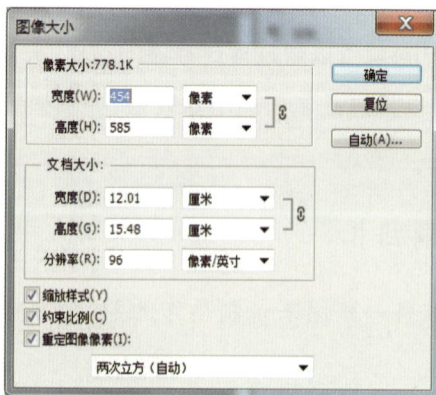

（a）　　　　　　　　　　　　　　　　（b）

图9-3-4　设置图像大小

步骤5：在弹出的"图像大小"对话框［如图9-3-4（b）所示］中，先将分辨率的数值改为想要输出的数值（例子中设为96dpi）。这时，我们会发现对话框中"像素大小"选项卡的数值，也会跟着发生变化。

步骤6：在"像素大小"选项栏中，打开"宽度"右侧的下拉菜单，将单位设定为"百分比"，并将数值设定为100。这时，"高度"的数值和单位也会自动跟着发生变化。如图9-3-5所示。

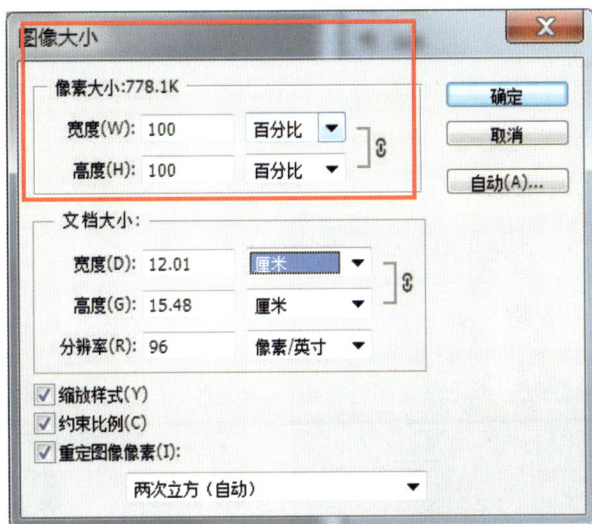

图9-3-5　设置图像大小像素参数

步骤7：修改文档大小。在"文档大小"选项栏中，选择"宽度"和"高度"的单位，并设置图片尺寸，如图9-3-6所示。完成后，点击"确定"按钮。

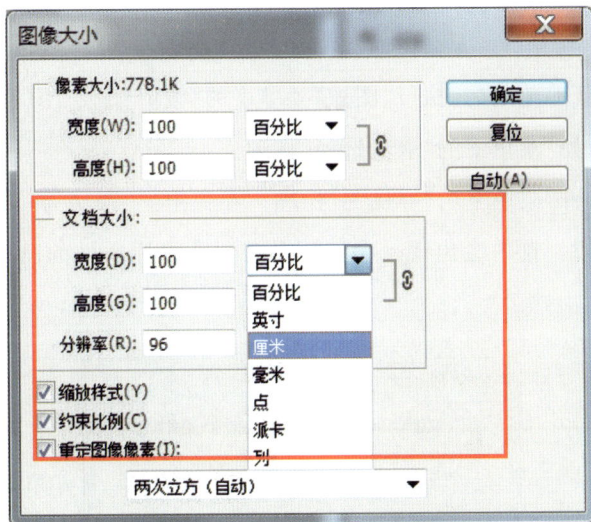

图9-3-6　设置图像大小文档参数

步骤8：在工具面板中选择"矩形工具"，然后在窗口上方的"样式"选项栏中，选择"固定比例"选项，并在输入框分别输入宽和高的尺寸，如图9-3-7所示。

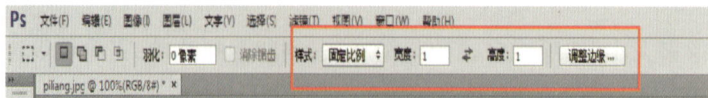

图9-3-7　选择"矩形"工具并进行参数设置

步骤9：在照片的任意位置，按下鼠标左键，照片上会出现一个裁剪的选取框。继续按住鼠标左键不放，然后用鼠标拖动选取框进行上下调整。此时，照片上部裁剪框外的区域，将是自动裁剪时最先被剪去的区域。如图9-3-8所示。

图9-3-8　裁剪

步骤10：定位好裁剪范围后，执行"图像"菜单下的"裁剪"命令，即可完成图片的裁剪。

步骤11：选择"选择"菜单下的"取消选择"选项。

步骤12：选择"文件"菜单下的"存储为"选项。在弹出的"存储为"对话框中，不要修改文件名，点击"保存"按钮。这时会出现一个询问是否要替换原文件的窗口，点击"确定"按钮，如图9-3-9所示。

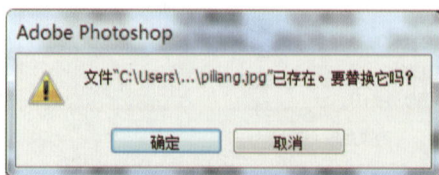

图9-3-9　是否替换原文件询问窗口

步骤13：在出现的"JPEG选项"窗口中，根据自身的需求进行设置，设置好后点击"确定"按钮退出，并关掉图像显示窗口，如图9-3-10所示。

步骤14：确认所有的动作从头到尾都已经被记录下来后，点击动作面板中的"停止录制"按钮，动作录制至此完成，如图9-3-11所示。

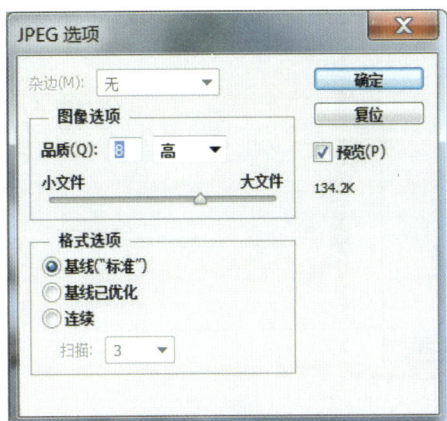

图9-3-10　"JPEG选项"窗口

图9-3-11　动作录制停止

二、用定义好的动作做批量裁剪

步骤1：打开"文件"菜单，执行"自动"→"批处理"命令，如图9-3-12所示。

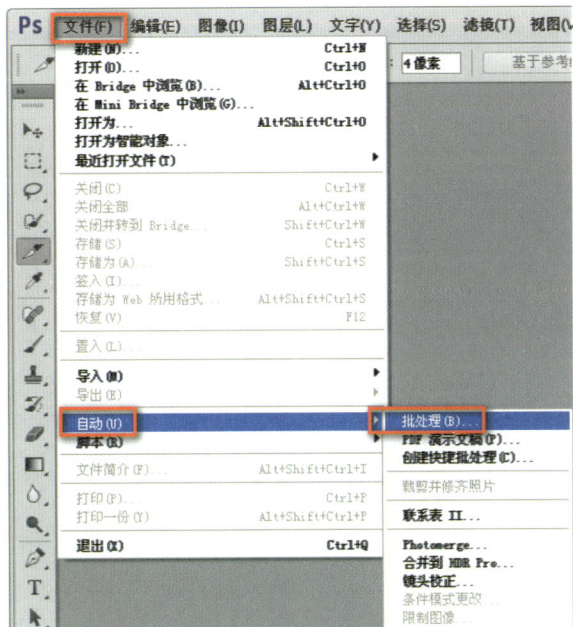

图9-3-12　调用"批处理"命令

步骤2:在弹出页面的"播放"选项栏中,打开"动作"的下拉菜单,选择之前录制好的照片,如图9-3-13所示。

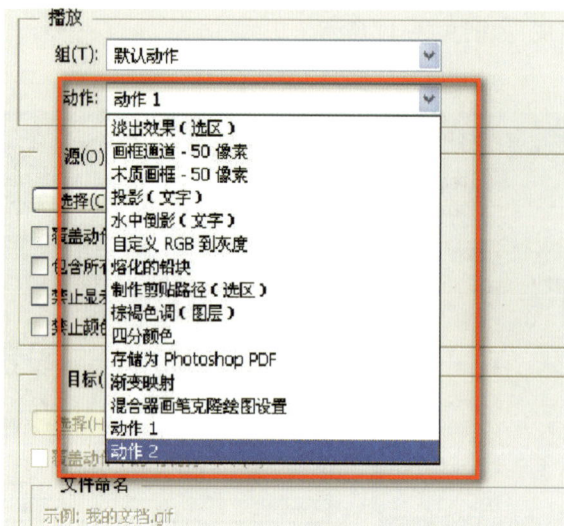

图9-3-13　播放设置页面

步骤3:要处理保存在文件夹中的照片时,在"源"下方的"浏览文件夹"窗口中,找到并点击所要裁剪照片所在的文件夹,依次单击"确定"按钮,即可完成自定义动作的批量裁剪。如图9-3-14所示。

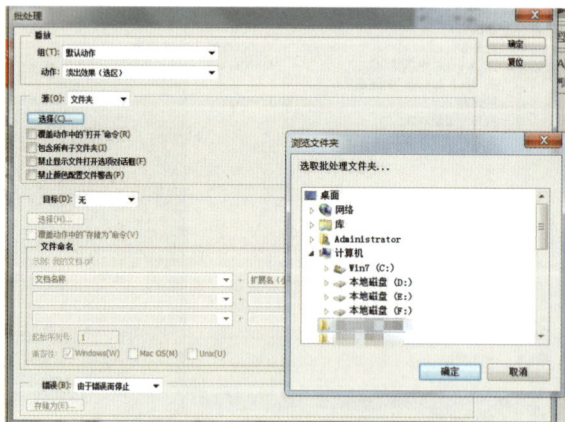

图9-3-14　批处理界面操作图

三、特殊自定义批量裁剪

"用定义好的动作做批量裁剪"在大批量裁剪的时候较为方便,但是如果在需要处理的照片中,有几张照片的画面重心不在动作录制时的选取框内,Photoshop便不能进行智能化调整。此时,要想根据自己的需求对照片进行精确裁剪,就必须进行自定义操作。

步骤1:按照"录制动作"中介绍的方法,先录制一个动作,并对其进行命名。此例中命名为"4×6英寸照片",并在"图像大小"对话框中,将分辨率设定为300dpi,宽度为6英寸,如图9-3-15所示。

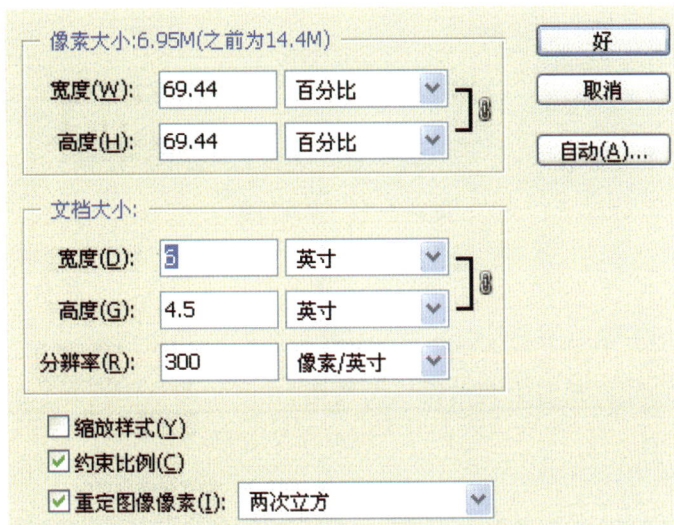

图9-3-15　设置图像大小

步骤2:设置好"图像大小"对话框后点击"确定"按钮退出。选取工具面板中的"矩形工具",在"样式"中选择"固定大小",并在后面的输入框中分别输入宽6英寸、高4英寸,如图9-3-16所示。之后点击动作面板中的"停止录制"按钮,结束第一个动作的录制。

图9-3-16　"矩形工具"参数设置

步骤3:继续录制第二个动作。将这个动作命名为"4×6英寸照片2"。这个动作的录制操作方法,与"录制动作"中介绍的完全一样,如图9-3-17所示。之后点击动作面板中的"停止录制"按钮,结束第二个动作的录制。

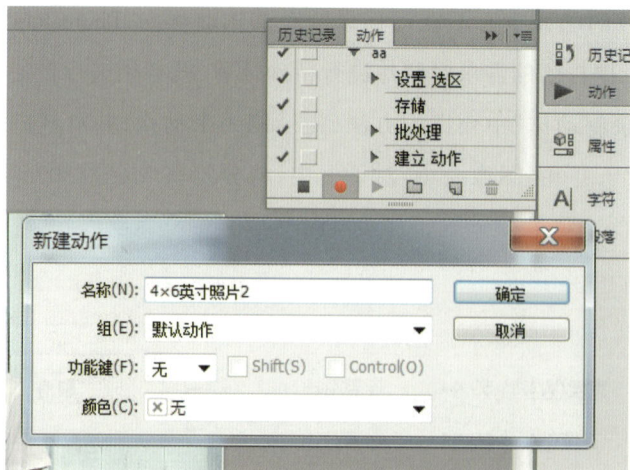

图9-3-17　新建动作

步骤4：两个动作都录制好后，开始对要处理的照片进行自定义的精确裁剪。打开要处理的图片，点击并打开第一个动作"4×6英寸照片"，如图9-3-18所示。

步骤5：点击动作面板右上角的倒三角按钮，在下拉菜单中选择"动作选项"选项，如图9-3-19所示。

图9-3-18　打开动作

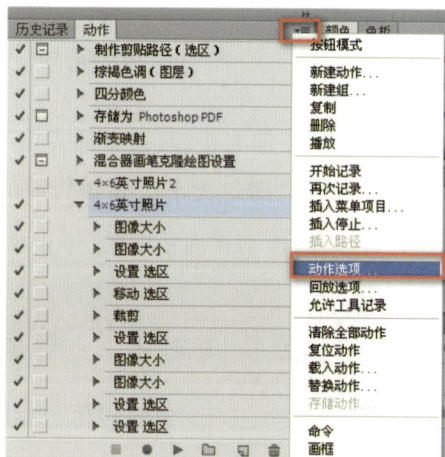

图9-3-19　"动作选项"命令调用

步骤6：在弹出的"动作选项"窗口中，设置自定义功能键。在"功能键"的下拉菜单中，提供了F2—F12共11个功能键供买家选择。这里将功能键设置为"F12"，将组合键设置为"Control"，也就是"Ctrl+F12"。设置好后，点击"确定"按钮退出。如图9-3-20所示。

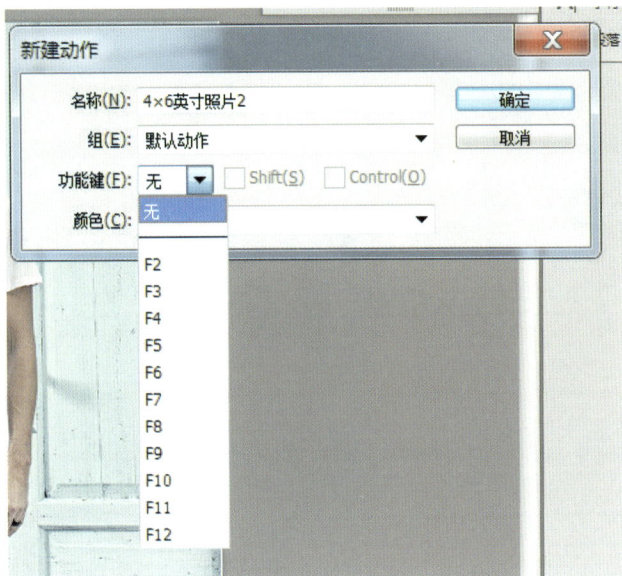

图 9-3-20 为第一个动作设置功能键

步骤 7：通过同样的步骤，为第二个动作设置功能键。在此，将"4×6英寸照片动作2"的功能键设置为"Ctrl+F11"，如图 9-3-21 所示。

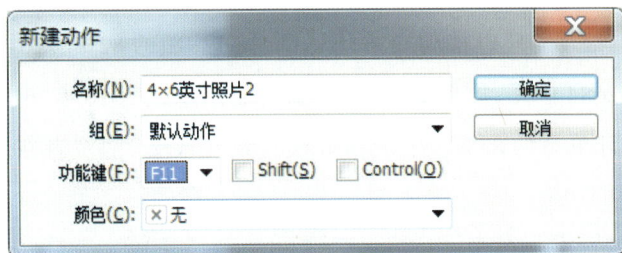

图 9-3-21 为第二个动作设置新功能

步骤 8：对照片进行裁剪。在左侧的工具面板中选择"矩形选框工具"，按"Ctrl+F12"组合键（即第一个动作的功能键）。

步骤 9：调整好位置后，按"Ctrl+F11"组合键（即第二个动作的功能键）。

第十章

移动视觉营销

第一节　移动端用户特点

一、移动互联网

随着移动互联网的快速发展,移动端逐渐成为电商角逐的重要战场。2016年天猫"双11"总交易额达1207亿元,其中移动端占比达到总交易额的82%。2019年天猫"双11"总交易额更是达到了2684亿元,如图10-1-1所示。而京东在2016年"618"活动中移动端订单量更是达到了总订单量的85%。中国商业模式正在改变,消费者在线购物目前已经主要集中在移动端。

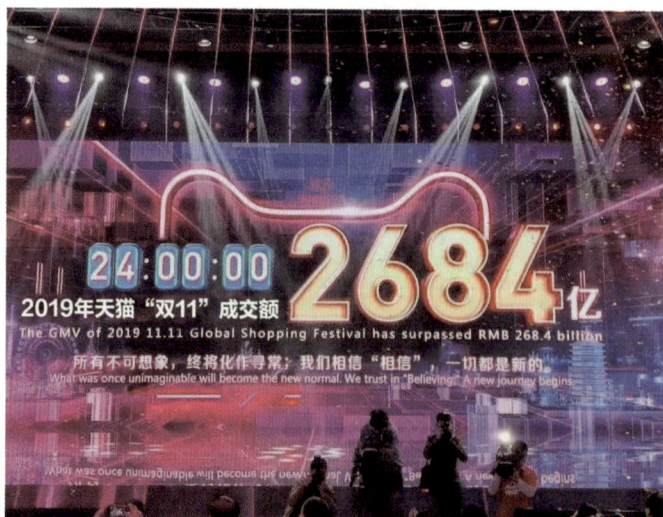

图10-1-1　2019年天猫"双11"总交易额

而随着智能手机的普及,移动端更加迎合现代消费者的生活习惯。如今移动端已然是电商的大趋势。因此,应努力提高移动端的优化水平,提升无线端搜索权重,只有做好这些工作,才能获得尽可能多的移动端的精准流量。移动端的主要特点如下。

1. 时间碎片化,场景多样化

随着智能手机的普及和移动互联网技术的发展,智能手机用户可以利用上下班、入睡前等碎片时间进行购物,并且可以在很短的时间内浏览大量的商品,不受时间与地点限制地对各个店铺的商品的性价比进行比较,最终选择自己心仪的商品。

2. 消费需求呈现个性化

在移动互联网时代,人们逐渐摆脱了工业时代的标准化。在信息化时代,随着"80后"渐渐成为社会中坚力量,"90后"纷纷进入社会工作,年轻一代即将成为消费的主力军。年轻一代的消费更注重个性的张扬,新成长起来的消费者群体具有十分鲜明的个性化需求,我国的模仿型排浪式消费阶段已经基本结束。

3. 消费决策逐渐理性化

俗话说"货比三家",消费者对不同店家的同种商品进行比较,可以形成理性、合理的消费习惯。在传统的消费模式下,碍于路程等原因,消费者很难做到货比三家,但随着人机互动技术水平的提高,消费者能够便捷地对多个店家的同种商品进行对比。手机移动平台有搜索功能,用户不断添加关键词可以缩小搜索范围,从而更快、更加准确地找到目标商品。此外,多种第三方平台的兴起也为消费者提供了更多的消费参考。

二、移动网店的特点

移动网店跟PC端不一样,PC端的图最主要的功能实际上是服务于点击率的,PC端的图也并非很多人都会去看的。但是在无线端,有很多人是会去看每一张主图的。由于屏幕小,详情页需要下拉才能看到等原因,无线端的主图还承担着提高转化率的功能。在移动端,时间就是生命,客户更加不会把流量浪费在耗时还打不开的页面上。店铺图文有以下几个特点。

1. 排版——简洁明了

由于手机端屏幕有限,无法像PC端那样面面俱到,所以排版要简洁明了,可以采用拼接式的图片,美观又简单。如图10-1-2所示。

2. 内容——精简概要

目前智能手机主流的屏幕大小都不会超过5.5英寸,那么在有限的屏幕下显示图片,信息的优选就变得更加重要。如果在PC端有可以完整地表达两个卖点的地方,那么在移动端只能精选一个进行表现,应化繁为简。如图10-1-3所示。

闻香　浓郁的扑鼻米香

现形　大小相近　长宽比适中　颗粒饱满

口感　有嚼劲　软硬适中　有弹性

给您 5 个理由选择

1 无异味 No odor

5 不缩水 No shrink

为什么要选择？

面料的优点

2 不过敏 No allergen

4 易打理 Easy do

3 不易起球 No lint

图 10-1-2　简洁排版　　　　　　　　图 10-1-3　精简概要

3. 速度——空间占用小

页面图片切片后应占用最小内存,这有利于缩短顾客打开时长。在设计店铺时要尽量地使用小图片,可以用 Photoshop 设计图片并"存储为 Web 所用格式"。

第二节　移动端视觉优化

移动端有着和 PC 端相同的电商设计配置,移动端看起来简单,却暗藏玄机。

不光是手机和电脑两种展示工具的差异,用户的习惯也是有所不同的。移动端的用户,时间碎片化、随时随地化,因而他们本身没有耐心;移动端用户喜欢手顺势滑动,如果不能抓住他们的注意力,就会被直接 pass 掉。下面我们来看看如何优化移动端使视觉体验更优。

一、店铺页面逻辑优化

店铺页面逻辑优化,根据店铺的战略方向、流量、产品品类、用户群体等不同,需要选择不同的页面布局逻辑。

1. 分流型布局

分流型布局(如图 10-2-1 所示)主要适合具有大流量、产品品类比较多的店铺。针对具有大流量的店铺来说,先要做好前三屏位置重点展示活动内容,强化购物场景,并通过分类的明确指引,让顾客按需选择。在产品的分类的大小方面进行了从左到右的展示,因为移动端用户大多为右手使用者,将重要的分类放在右侧,是方便用户进行点击的,细微的局部调整都有可能带来更好的用户体验。分流型布局的效果如图 10-2-2 所示。

图 10-2-1　分流型布局

图 10-2-2　分流型布局效果

这样设计的优点有：强化购物场景唤醒购买欲望，利用店铺优惠促进购买，爆款推荐让消费者优先选择，按需分流实现个性化推荐。

2. 聚流型布局

聚流型布局（如图 10-2-3 所示）适合产品品类较单一，属于爆款或主推款型的店铺。在这类店铺的布局上，同样要注意做不遗余力的氛围展现和店铺主推产品的推选。聚流型布局的效果如图 10-2-4 和图 10-2-5 所示。

图 10-2-3　聚流型布局

图 10-2-4　聚流型布局效果 1　图 10-2-5　聚流型布局效果 2

这样设计的优点有:营造热销气氛,增强店铺氛围,镇店之宝,首推产品,店铺热销推荐。

3. 新商家型布局

对于新店铺来说,通常店铺流量较小,店铺产品较少,店铺也无爆款产品,需要将流量集中到店铺主推和销量较好的产品上,因此在店铺首页框架优化过程中需要集中展现主推产品和热销产品。新商家型布局如图10-2-6所示,效果如图10-2-7和图10-2-8所示。

图10-2-6 新商家型布局　　图10-2-7 新商家型布局效果1　　图10-2-8 新商家型布局效果2

4. 腰部商家型布局

腰部商家已经有了一定的品牌知名度和店铺流量,在店铺优化过程中需要将店铺流量进行合理分配,将流量的转化率做到最大化。腰部商家型布局如图10-2-9所示。

图10-2-9 腰部商家型布局

腰部商家在做好主推产品展示的同时，要做好产品分类展示，实现按需分流，还要店铺热销品牌的相关推荐展示。腰部商家型布局的效果如图10-2-10和图10-2-11所示。

图10-2-10　腰部商家型布局效果1

图10-2-11　腰部商家型布局效果2

二、移动端视觉优化

现在，随着移动设备的兴起，电商也逐渐地步入了移动端的时代。

由于90%的用户已经往移动端转移，移动端的装修视觉成了店铺的重中之重。尽管PC端看起来更大气，呈现效果更加完美，但它已经不是我们的主战场。商家应该把90%的精力花在移动端。要做好移动端需要从以下几方面入手。

1. 首页规划明确

首页是移动端最大的二次承接页面，首页的排版设计，直接影响到用户的浏览兴趣。相比较于PC端的首页，移动端首页要花费更大的心思，增加对用户的吸引力，首页可以多放置一些热销款，并且通过装修热力图，调整推荐高点击率的产品。

另外，也可以使用装修智能版，利用千人千面的个性化首页，采用不同的兴趣展示吸引用户，从而形成页面再次跳转。

2. 首图展示

移动端进入宝贝详情页时,由于首图的位置占据了全屏的二分之一,用户只有下拉经过标题、评价、店铺信息、关联宝贝、海报等过渡展示,才能进入宝贝的详情页面,所以对于许多用户来说,他们养成了直接侧滑首图看产品的习惯,也就是说,如果首图能够吸引他们,他们就会往下看详情页面,否则直接离开了。这意味着,相比于PC端,首图的重要性大大增加了,针对移动端的这个特性,我们可以做一些优化。

首先,首图位置其实是一个黄金位置,这个位置占屏比大,下面有标题、价格等产品信息,用户的眼球会集中在主图本身。所以这个页面用户的停留时间一定是比较长的,主图可以设置5张图片,通过左右滑动切换。由于这个操作具有移动端的操作习惯,所以5张主图的曝光展示频率要比PC端高很多。因此这5张主图,不能像PC端那样设置:第1张展示全面,其余4张展示细节,而是要充分利用每一张主图,展示产品个性和特色,甚至在主图上就可以做卖点分析,力求一针见血,抓住用户的需求。其次,5张主图在滑动完以后,会跳转到详情页第一屏,那么怎样吸引用户连续地滑动,把页面看完,也是非常关键的。具体来说,我们可以通过设置各个页面之间的关联,如展示产品"前、后、左、右"的角度,陈列产品的卖点"一、二、三、四",让用户不知不觉已经滑动完了所有页面,跳转到了详情页第一屏。

当然,和前面讲到的所有图片一样,5张主图必须图片清晰、展示美观、细节突出,并且占屏比可以比PC端更大。做好移动端的首图,可以大大减少用户的跳失率,增加用户的停留时间和转化率。

移动端与PC端的差异性是非常大的,产生这种差异性原因无非来自显示器的尺寸和比例,看似是一个放大和缩小的事情,实际上,却是两种完全不同的视觉体验。

3. 竖屏

移动端和PC的屏幕比例是不同的,电脑多为宽屏,移动端手机多为竖屏。这意味着PC端横着占满一屏的图案和文字,放到移动端,按比例缩小后,是占不满一屏的,所以直接从PC端复制详情页到移动端,图片文字看起来会更小。而要解决这个问题,从根本上说,设计时要采用竖屏作图。

淘宝给我们做了一个很好的示范,"淘宝二楼"的短视频,全部用竖屏拍摄。对于用户来说,这种感受是全新的,你不用解锁旋转屏幕,竖着拿手机,就可以全屏看完视频。

而切换到移动端的视觉上,我们就要采用竖屏的作图思路。这里面有三个重要的因素:

(1)所有图片尽量以16:9的竖屏比例设计,产品的展示背景画面减少,产品或模特占屏更集中或占屏比更大。

(2)图片设计一图一主题。因为移动端没有PC端的屏幕大,一张图基本上就占满了屏幕,所以最好每张图都能表达清楚一个完整的意思。

（3）图片使用上下分栏。与PC端的宽屏不一样,竖屏不能使用左文右图的结构,应该利用长度空间的富余,采用上下结构,如上图下文、上文下图。

总之,竖屏是移动端区别于PC端的最大特征之一,设计者要遵循竖屏的设计规则。

4. 文案编排

由于移动端的手机屏幕较小,如果把PC端一个页面的信息内容,通过移动端一个屏幕展示出来,文字会变小,看不清楚,这就是移动端直接复制PC端图片视觉上存在的最大的问题——文案失效了。要解决这个问题,就需要我们对移动端视觉文案进行不一样的设计编排。具体来说,需要遵循以下几个原则。

首先,放大标题。将图片上的标题文字放大,起到一目了然,用较少文字概括总信息的作用。这样可以增加对用户的吸引力,即使用户浏览时匆匆一瞥,也知道你想表达什么。

其次,减少文案内容。文案贵在精不在多,移动端的文案尤其如此。文字太多,挤在一方小屏幕里,要么显得过于细小,不便于阅读,要么影响到图片的展示。

最后,文字展示清晰。文案是视觉的重要部分,既是说明也是补充,因此让文案清晰展现也是非常重要的。一方面,要注意图片背景,文字落脚处背景必须简单干净,利于文字的展现;另一方面,当需要长文字说明时,尽量多排,增大行距,以利于文字的清晰展示。

当然对于移动端来说,还有其他需要注意的点,如怎么根据用户的浏览路径设计闭环,以增加用户的浏览深度等,这些都具有重要的意义,需要不断实践出真知。